CHERI HAMILTON & RICK BUNDSCHUH

# Meine Tochter Bethany

# Meine Tochter Bethany

## Die Geschichte hinter

### soul surfer

# CHERI HAMILTON
## & RICK BUNDSCHUH

cap-books

Bestell-Nr.: 52 50394
ISBN 978-3-86773-145-4

Alle Rechte vorbehalten
© 2012 deutsche Ausgabe und Übersetzung cap-books by cap-music
Oberer Garten 8
D-72221 Haiterbach-Beihingen
07456-9393-0
info@cap-music.de
www.cap-music.de

Originaltitel: Raising a Soul Surfer
© Copyright 2011 by CHERI HAMILTON.
Cover photograph of Bethany by Noah Hamilton of Noah Hamilton Photo-
graphy (www.noahhamiltonphoto.com).
Cover photograph of the Hamilton family by Mike Coots of Mike Coots Pho-
tography (www.mikecoots.com).
All photographs © the Hamilton family archive and Noah Hamilton Photo-
graphy, except photo #9 (Hamilton family photo) © Steve Gnazzo of Kiloha-
na Photography and photo #20 (Timmy bodyboarding) © Shea Sevilla.
Used with permission.
Originally published in the U.S.A. by Regal Books.

Übersetzt von Angela Klein-Esselborn
Lektorat: Esther Middeler
Umschlaggestaltung: spoon design, Langgöns
Satz und Druck: Schönbach-Druck, Erzhausen

**E**s ist für mich eine wirkliche Ehre, Bethany Hamilton zu kennen und mit ihr unterwegs zu sein. Ich habe bei unseren gemeinsamen Veranstaltungen erlebt, wie viele Menschen von ihrem inspirierenden Zeugnis und ihrem Glauben an Gott tief bewegt wurden.

Seit meiner Geburt habe ich keine Gliedmaßen, ich weiß, wie wichtig eine Mutter ist, die einem Kind durch die Stürme des Lebens hilft, die oft unbezwingbar scheinen.

**Cheri Hamiltons Buch ist ein berührendes Erlebnis für jeden, der es liest. Es wird ein Feuer des Glaubens und der Ermutigung in uns entfachen.**

*Nick Vujicic (Mein Leben ohne Limits)*

# Inhalt

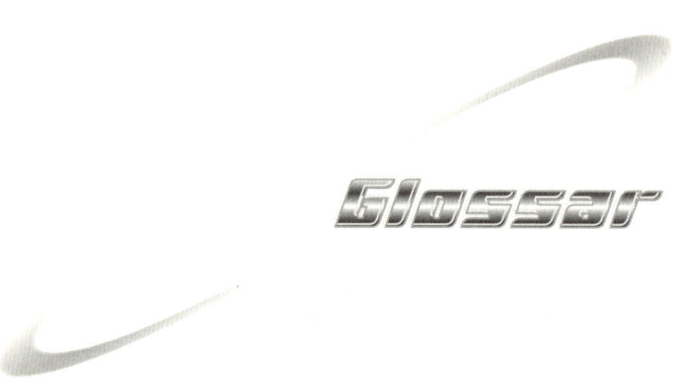

Glossar

*Ankle Snapper, Ankle-Slapper:* kleine Welle, die nur bis zu den Knöcheln reicht

*Barrel:* Hohlraum im Inneren einer Welle, der sich durch das Überschlagen einer sehr steilen Welle bildet, auch *Tube* genannt

*Barrelride:* Surfen im Hohlraum der Welle, auch *Tuberide* genannt

*Beachbreak:* ein *Surfspot*, bei dem die Welle über einem sandigen Untergrund bricht

*Big Wave Surfing:* Surfen in sehr großen Wellen, das sich nur für erfahrene *Big Wave Surfer* eignet

*Bodyboarding, Bodyboarden:* Surfen im Liegen oder Knien auf einem *Bodyboard* (verkürztes Surfboard)

*Break, Surfbreak:* siehe *Spot, Surfspot*

*Carven:* weite Kurven in einer Welle surfen

*Dünung:* siehe *Swell*

*Face:* steile Seite der Welle

*Finne:* „Flosse" am unteren Ende des Surfbretts

*Hanging Ten:* ein Surftrick, bei dem allen zehn Zehen über der Nase des Surfbrett ragen

*Impact Zone:* Brechungsbereich einer Welle

*Lineup:* Zone, in der die Wellen anfangen zu brechen – die Surfer reihen sich hier auf, um auf die Wellen zu warten

*Longboard:* langes, breites Surfbrett, das von *Longboardern* zum sog. *Longboarding* genutzt wird

*Pointbreak:* ein *Surfspot*, bei dem die Welle immer an der gleichen Stelle bricht

*Reefbreak:* ein *Surfspot*, bei dem die Welle über einem Riff bricht

*Right:* rechtsbrechende Welle

*Riptide:* starke Strömung, die Surfer oder Schwimmer aufs Meer hinauszieht

*Set:* eine Gruppe von Wellen, die in Intervallen auf die Küste trifft

*Shorebreak:* ein *Surfspot*, bei dem die Welle direkt auf den Strand bricht

*Shortboard:* kurzes Surfbrett, geeignet für radikale Manöver und sehr beliebt bei Surfern

*Soul Surfer:* ein Surfer, der für sein Leben gern und am liebsten abseits der Massen surft und kommerziellen Trubel meidet

*Spot, Surfspot:* ein Ort, an dem Surfen möglich ist – oft verzeichnet in Surferzeitschriften, -büchern oder im Internet; auch *Break* oder *Surfbreak* genannt

*Swell:* nach Abflauen des Windes auslaufender Seegang, auch *Dünung* genannt, bei dem die Wellenhöhe ab- und die Wellenlänge zunimmt

*Takeoff:* Aufstehbewegung beim Surfen

*Tube:* siehe *Barrel*

*Wipeout:* Sturz vom Surfbrett

# Vorwort

„Nicht nach unten schauen", rief Bethany mir zu, als wir einen Reefbreak* namens „Freddy's" an der Nordküste von Oahu surften. Ich behielt die Schatten und Korallenkolonien unter der Oberfläche des kristallklaren Wassers im Auge und war insgeheim überzeugt, einen Hai gesehen zu haben. Bethany mit ihrem entspannten Überblick wusste genau, was in mir vorging, und ermutigte mich, meine Ängste beiseitezuschieben.

Wenn man sich um Haie Gedanken macht, sollte man nicht surfen. Angst kann einem den Spaß verderben, und dem Unbekannten vorzugreifen ist müßig. Seit Bethany von einem Hai angegriffen wurde, konzentriert sie sich darauf, was sie beherrschen kann, anstatt auf das, was sie nicht sehen kann. So scheint „Nicht nach unten schauen" denn auch ein unausgesprochenes Motto der gesamten Familie Hamilton zu sein. Dieser Ausspruch ist nicht der Rat, die Ängste zu ignorieren; er ist vielmehr Ausdruck ihres Mutes, der sie motiviert, die Herausforderungen des Lebens anzupacken. Statt sich Sorgen zu machen, was passieren *könnte*, verlassen sich die Hamiltons auf den Herrn und schenken vorübergehenden Störungen kaum Beachtung. Sie halten ihren Blick weiter nach oben gerichtet, zum Herrn, hoffen auf Gutes und beten dafür, anstatt zu grübeln.

Diese einzigartige Familie führt ein wunderbar ursprüngliches Inselleben und „erstrebt ihr Glück", anstatt sich darüber Sorgen zu machen, was hinter der nächsten Ecke lauert. Anstatt ihren nächsten Schritt zu analysieren und zu bedenken, kosten sie das Leben aus und erfahren es. Es ist eine Inseleinstellung, das Leben voll auszuschöpfen und einfach die Geschenke zu genießen, die Gott gibt: Meer, Familie und Freunde.

Die Hamiltons und die Insel, auf der sie leben (Kauai), sind eine Gemeinschaft. Aber hier haben wir es mit einer Gemeinschaft zu tun, die sich nicht nachstellen lässt. Der Ozean bindet die Menschen auf Kauai spirituell. Das Verlangen nach dem Ozean, die Liebe zu ihm sind im Herzen eines jeden Hamilton und scheinen sie zu tragen, von einem Tag zum andern, und verleihen ihnen körperlich befriedigenden Lebenssinn.

Im vergangenen Jahr konnte ich die einzelnen Familienmitglieder kennenlernen und mittlerweile empfinde ich sie als meinen erweiterten Familienkreis. Ich habe zwar festgestellt, dass jeder Hamilton das Meer liebt, aber damit erschöpfen sich die Übereinstimmungen. Tom (Vater) erinnert mich an einen leise redenden Riesen. Tom ist der Sprecher der Familie, doch er hat die die gutherzigste Stimme, die Sie je hören werden. Als ich im letzten Winterurlaub bei den Hamiltons war, fuhr ich mit Tom in ihrem kleinen Boot hinaus, um Bethany beim Surfen in großen Wellen zuzuschauen. Ich habe Tom nie zuvor so breit grinsen sehen. Er war buchstäblich so hingerissen von den riesigen Sets* und den Barrelrides*, dass das Boot beinahe kenterte.

Wenn ein Mensch eine „Buschtrommel" verkörpern könnte, dann Cheri Hamilton. Cheri betet ohne Unterlass. Als wir eine besonders gefährliche Haiangriff-Sequenz drehten, erlebten Filmcrew und Besetzung scharfe Riffe, unbändige Wellen, ansteigende Strömungen und einen schwierigen Aufbau.

Doch inmitten der umherlaufenden Mitarbeiter und des Chaos versammelte Cheri am Set ein paar Leute und betete um Bewahrung. Während die Anspannungen am Drehort hoch waren und tausend unterschiedliche Aktivitäten jede Sekunde Aufmerksamkeit beanspruchten, war es schön zu wissen, dass jemand Gott um Schutz für jeden unserer Schritte bat.

Noah, der älteste Sohn, ist der klassische Erstgeborene. Er ist seiner Familie immer um zwei Schritte voraus, ebenso wie den meisten Menschen in seinem Umfeld. Er kümmerte sich um so gut wie jedes Thema am Set, und wegen seines vorausschauenden Wesens trugen er und seine Frau Becky dazu bei, den Film noch genauer hinzubekommen. Das Budget für *Soul Surfer* war relativ gering und die Produktionsfirma hatte keine Mittel für einen Standfotografen. Daher bot Noah, selbst ein Profi-Fotograf, seine Dienste an. Becky mit ihren vielfältigen Fähigkeiten dokumentierte die Aktivitäten ebenfalls mit ihrer Videokamera. Jetzt haben wir Bilder von der Besetzung und dem Team – eine Dokumentation der harten Arbeit hinter der Kamera. Noah denkt laufend darüber nach, wie er Probleme lösen kann, statt sich darauf zu verlassen, dass andere das für ihn übernehmen. Bislang fühlt er sich wie ein älterer Bruder, doch bald wird er durch seine Genialität und Freundlichkeit ein wunderbarer Vater für sein eigenes Kind sein!

Tim Hamilton, das mittlere Kind, hat die Anlagen einer Schildkröte. Auf Hawaii gilt das als Kompliment! Im Wasser ist er ganz in seinem Element. Timmy habe ich im Meer kennengelernt. Ich hatte meine erste Surfstunde mit Bethanys Surftrainer Russell Lewis, und Tim war draußen im Wasser und spielte meinen „Badewärter". Natürlich musste Tim nicht auf mich achtgeben – der Filmproduzent hätte jemanden anwerben können –, doch er nutzte perfekt geeignete Zeiten fürs Bodyboarding*, um mir beizustehen. Tim hilft mit ruhiger Hand aus, wo immer nötig – ohne je darum gebeten zu werden. Auch wenn er der Ruhigste in der Familie ist, lohnt es sich immer, genau hinzuhören, denn Timmy hat einen ganz hintergründigen Humor, über den ich immer herzlich lachen muss.

Und jetzt zu Bethany ... Mir fällt es schwer, meine Zuneigung und Bewunderung für meine Freundin und persönliche Heldin auszudrücken. Sie ist vollkommen furchtlos und jagt nach großen Wellen! Ich kapiere noch immer nicht, wie sie sich mit nur einem Arm auf so einem kleinen Surfbrett aufrichtet. Ihre Beharrlichkeit und ihr Vertrauen auf Gott nehme ich als selbstverständlich hin, denn so ist sie eben. Man kann sie auch nicht ansatzweise mit irgendeinem anderen Menschen vergleichen. Bethanys gottesfürchtige Art und ihre spielerische Entschlossenheit hatten einen durchweg positiven Einfluss auf mein Leben und das Leben ihres Umfelds.

Ich erinnere mich an einen besonders windigen Tag, als ich surfen wollte. Da Bethany Zeit hatte, nahm sie mich mit. Kaum waren wir am Strand, bereute ich meine Entscheidung. Die Wellen waren einschüchternder als alles, worin ich je zuvor gesurft hatte, ganz zu schweigen davon, dass es auf den Sonnenuntergang zuging (natürlich fressen Haie zu jeder Tageszeit – das hätte für mich also keine Rolle spielen dürfen). Schließlich überzeugte sie mich, dass ich „definitiv schon größere Wellen geritten" hatte, und so paddelte ich hinaus.

Ich bekam Panik. Mir kamen die Wellen gewaltig und lebensbedrohlich vor, während sie für Bethany vermutlich zahm und kaum groß genug waren, um darauf Spaß zu haben. Einmal hatte ich einen (zumindest für mich) ziemlich heftigen Wipeout*–, doch ich werde immer stolz sein auf die kleine Narbe, wo mir die Finne* meines Boards mein Bein aufschrammte. Nach meinem Wipeout* erwischte ich die längste, tollste Right* meiner bisherigen Surferlaufbahn.

Nach dem Wellenritt konnte ich das Grinsen nicht vom Gesicht bekommen. Ich habe Bethany zu danken – sie stupste mich an und brachte mir bei, „nicht nach unten zu schauen". Da sie an mich glaubte, schaffte ich einen Wellenritt, den ich nie zuvor für möglich gehalten hatte. Ihre Ausstrahlung entzündet eine einzigartige Lebenskraft.

Bethany, Timmy, Noah, Cheri und Tom, ich möchte euch danken, dass ihr mich bei euch aufgenommen habt. Ihr habt mit mir eure Liebe zum Meer geteilt, daher teile ich mit euch eines meiner Lieblingszitate über unser geliebtes Meer: „Du nur bleibst gleich dir, Meer, in deinem Schwall ... Wälz, Ocean, dein düsterblau Geröll."[1]

AnnaSophia Robb

---

1   Lord Byron, *Junker Harolds Pilgerfahrt*. IV. Gesang. Bearbeitet von Ph.. A. G. von Meyer. Entnommen aus Google EBooks.

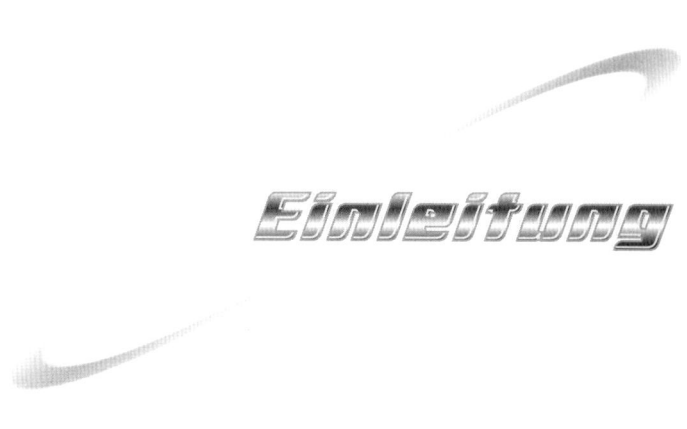

# Einleitung

*Die größte Liebe beweist jemand,*
*der sein Leben für die Freunde hingibt.*
JOHANNES 15,13 (HFA)

Tom, mein Mann, und Bethany, meine Tochter, waren
bei einem Surfwettkampf in Puerto Rico. Ich saß am
Computer und schaute nach den Wetterbedingungen. In
dieser Region treten schon mal heftige Stürme auf. Ich
machte mir Sorgen, als ich erfuhr, dass sich Orkan Shary
zusammenbraute – mein Name, nur in anderer Schreib-
weise. Im Wetterbericht hieß es weiter, dass ein weiterer
Orkan mit Namen Tomas – so heißt mein Mann – unmittelbar darauf folgte und schon über Hamilton, einer Stadt
auf der Insel Bermuda, getobt hatte.

Ich war von der Ironie der Namen fasziniert, denn
hier wurde in meteorologischen Begriffen beschrieben,
wie es in unserer Familie zuging. Damals, im November
2010, war unser Neffe gerade an der Westküste gestorben, und hier auf Kauai waren alle schockiert über den
Tod des viermaligen Surfweltmeisters Andy Irons, der
bei uns in der Nähe gewohnt hatte.

All diese ungewöhnlichen Zeichen bestärkten mich
darin, meine Gedankengänge zu den stürmisch an- und
abschwellenden Veränderungen in meinem Leben, dem

meiner Familie sowie auf der Insel Kauai, zu Papier zu bringen.

Meine Mutter sagte immer, ich sei mit sieben Monaten nicht gelaufen, sondern gerannt! Von Anfang an waren Aktivität und Energie ein Teil von mir. Ich hätte Profisportlerin werden sollen, doch damals gab es für Frauen noch nicht so viel Auswahl.

Als ich zum ersten Mal surfen ging, war von Stund an mein Leben nicht mehr dasselbe. Bald schon verschrieb ich mich mit Leib und Leben dem Erwischen der nächsten Welle. Die darauffolgenden fünfzehn Jahre lebte ich für das Surfen. Mein Alltag war davon geprägt, Wellen zu finden, meine Jobs waren so ausgelegt, dass ich Zeit zum Surfen hatte.

Als ich Jesus kennenlernte, erfuhr ich seine göttliche Vorsehung in einer Weise, vor der ich nicht davonlaufen konnte, die sicherstellte, dass ich seine Existenz nie leugnen würde. Nachdem ich Jesus in mein Herz aufgenommen hatte, wusste ich, ich hatte die Wahrheit gefunden hatte, und dass sich in ihm endlich meine tiefste Sehnsucht nach Liebe erfüllte. Seine Liebe füllte eine Lücke in meinem Herzen – danach hatte ich mich mein Leben lang gesehnt.

Anfangs war ich eine junge Surferin, lebte meinen Traum und begegnete Gott an einem ungewöhnlichen Ort durch ungewöhnliche Menschen. Ich war eine Surf-Nomadin mit einem Surf-Nomaden als Ehemann und genoss das Leben in einem Tropenparadies. Doch ich wurde eine Mutter, die mit Angst und Ungewissheit zu ringen hatte, als sie erfuhr, dass ihre Tochter von einem Hai angegriffen worden war. Wir hatten nie erwartet, dass unsere Kinder das Leben vollständig umkrempeln würden. Wir hatten unsere Tochter zum Surfen erzogen, nicht dazu, im Rampenlicht der Medien zu stehen. Doch sie nahm diese Herausforderung an, um Gott zu ehren und Zeugnis für ihn abzulegen.

In unserer Geschichte geht es um einen gewaltsam zerstörten Traum, der durch einen noch größeren ersetzt wurde. Doch vor allem ging und geht es in unserer Lebensgeschichte darum, Gott trotz der Lebensumstände, Belastungen und unvorhergesehenen Ereignisse zu vertrauen.

Ich hatte immer in einem christlichen Dienst eingebunden sein wollen, doch alle Türen schlossen sich vor meiner Nase. Also habe ich mich darauf konzentriert, meine Kinder für ihn zu erziehen – indem ich ihnen von seinem Wort, seinen Wegen und seiner bedingungslosen Liebe erzählte. Das erwies sich denn auch als genau der Dienst, zu dem Gott mich berufen hatte. Unglaublich!

In meiner Geschichte geht es um eine Reise auf dem Weg zu Hoffnung, Wahrheit und Sinn. Sie umspannt die Perspektive meines Mannes, eines einfühlsamen, doch starken Vaters, der Mühe hatte, Sinn in einer Tragödie zu erkennen und der lernen musste, Gott überhaupt wieder zu vertrauen. Sie deckt auf, wie sehr ich darum kämpfte, Liebe, Hoffnung und Annahme zu finden. Sie beinhaltet die Perspektive meiner Söhne, Bethanys Brüder, deren Leben unumkehrbar verändert wurde durch die plötzliche, unvorhersehbare Resonanz, die dadurch ausgelöst wurde, dass unsere Familie erlaubt hat, Bethanys Geschichte erzählen zu lassen.

Vor allem ist diese Geschichte ein kurzer Blick auf Gottes Perspektive, wie sie sich uns offenbarte. Nur im Rückblick konnten wir sehen, wie weit seine faszinierende Vorsehung in unserem Leben zurückreicht. Seine Hand war schon immer am Werk, nicht erst seit den Ereignissen jenes verhängnisvollen Morgen an Halloween 2003. Von Beginn an bereitete Gott unser Leben auf so vielfältige Weise „gerade um dieser Zeit willen" vor, genau wie bei Königin Ester (Ester 4,14; LÜ).

Meine Hoffnung ist, dass Sie beim Lesen unserer Geschichte ermutigt werden, Gott zu folgen, koste es, was es wolle. Er nimmt nichts weg oder lässt zu, dass Sie Schmerzen erleiden, um Ihnen wehzutun, sondern um zu heilen und zu verwandeln und Sie zu ihm zu ziehen.

Gottes Plan lautet nicht, uns so zu belassen, wie er uns vorfindet, sondern unser Leben mit seinem Sinn und seiner Hoffnung zu füllen, damit unsere Zukunft erfüllt ist von seiner Liebe!

Von Gottes Wort kann ich nie genug bekommen. Je mehr ich lerne, desto mehr will ich noch lernen. Sein Wort ist so tief, faszinierend und mit so viel Erkenntnis und Leitung ausgestattet, dass es mir jeden Morgen neu vorkommt. Gottes Wort ist ein Buch, in dem man ein Leben lang lesen kann, ohne je seine Tiefen auszuloten. Es enthält die Geschichte seiner Liebe für jeden einzelnen Menschen, den er geschaffen hat. Sein Wort erzählt uns von der Hoffnung und einem Zukunftsplan, den er für jeden hat (siehe Jeremia 29,11).

Eine meiner Lieblingsstellen, auf die ich meine Hoffnung setze, lautet: „Was kein Auge jemals sah, was kein Ohr jemals hörte und was sich kein Mensch vorstellen kann, das hält Gott für die bereit, die ihn lieben" (1. Korinther 2,9; HFA). Andere ermutige ich gerne mit den Worten aus Psalm 37,4: „Freue dich über den Herrn; er wird dir alles geben, was du dir von Herzen wünschst" (HFA).

Als ich mich Christus zuwandte, fand ich eine so reine, vollkommene und wahre Liebe, dass ich mir von ganzem Herzen wünschte, alle sollten seine verblüffende Liebe kennenlernen. Mein wahrer Lebenssinn ist, der ganzen Welt von Jesus zu erzählen.

Ich schreibe dies 30 Jahre, nachdem ich seine Gnade für mich angenommen habe. Über schmerzliche und fröhliche Zeiten hinweg staune ich noch immer über seine Liebe. Ich lade Sie ein, sich anzuschauen, was für außergewöhnliche Dinge Gott in unserer *Ohana* s getan hat, und ein Teil davon zu werden, indem Sie Ja zu Gott und seiner vollkommenen Liebe zu Ihnen sagen!

Cheri Hamilton
Kauai, Hawaii

# Hollywood
# kommt ins Paradies

*Gott aber kann viel mehr tun, als wir von ihm erbitten*
*oder uns auch nur vorstellen können.*
EPHESER 3,20 (HFA)

„Surreal!", sagte Tom. Das ist das Wort, das mein Mann häufig verwendete, um den Strudel an Ereignissen zu beschreiben, der unsere Familie die letzten sieben Jahre auf Trab hielt. Dieses Wort verwendete er auch jüngst an einem Frühlingsmorgen, um zu beschreiben, was auf der makellosen, exklusiven Anlage des Turtle Bay Resort von Oahu vor sich ging.

Turtle Bay ähnelt sehr der Fünf-Sterne-Anlage, bei der Tom seit vielen Jahren als Kellner arbeitet, doch jetzt wartete er in einem Golfwagen auf seinen Partner. Wie üblich betrachtete er mit einem Auge die kristallblauen Wellen, die sauber an einem Punkt brachen.

Er lächelte und machte seinem Partner Platz. Bis dahin war er diesem Mann nie begegnet, doch er konnte das Gefühl nicht abschütteln, er kenne ihn bereits.

Als die Caddies den Wagen beluden, näherten sie sich bescheiden Toms Golfpartner. „Entschuldigung, Sir", sagte einer von ihnen und deutete auf zwei Golfer, die an der Seite standen und prächtig aussahen in ihren Ping-Golfhemden, den zweifarbigen Callaway-Schuhen und den Adidas-Handschuhen.

„Die beiden Herren dort drüben würden sich Ihnen gerne heute Morgen anschließen."

Toms Partner war zwar freundlich, schüttelte jedoch den Kopf. „Sagen Sie ihnen bitte, es ist nicht persönlich gemeint, aber ich möchte jetzt einfach etwas Zeit mit meinem Freund Tom verbringen."

Dann rutschte der Schauspieler Dennis Quaid, der bei den gerade anlaufenden Dreharbeiten von *Soul Surfer* Toms Rolle spielen sollte, auf den Fahrersitz des Golfwagens und drehte den Zündschlüssel. Und weg waren sie.

Tom versuchte, sich an die Filme zu erinnern, die er in den letzten Jahren mit dieser amerikanischen Filmikone gesehen hatte: *Der Anfänger, Dragonheart, Dem Himmel so fern, Der große Leichtsinn, 8 Blickwinkel, Der Flug des Phoenix, Deine, meine, unsere, …*

Mein Mann dachte, er könne es nicht fassen, dass Dennis Quaid einen lockeren Vormittag mit ihm verbringen wollte, doch im Laufe des Tages wuchs eine Verbindung zwischen ihnen, die mehr war als ein Hollywoodschauspieler auf der Suche nach einer Rolle. Sie bewegte sich in Richtung Freundschaft.

Dennis begann mit einem kleinen Notizblock; Tom nahm an, damit wolle er sich Notizen machen, während er sich mit ihm befasste.

Doch nach wenigen Minuten legte er ihn weg und rührte ihn nicht wieder an. Während sie ihre Runde über den wunderschönen tropischen Golfplatz drehten, löcherte Dennis Tom mit Fragen über unsere Familie und wie wir unsere Kinder auf Hawaii erzogen hätten. Er erzählte freimütig von seiner Karriere und von denjenigen, deren Filme er bewunderte.

Er sprach auch über seine eigene Familie. Auch Dennis hatte schon eine Tragödie zu meistern gehabt, die durch die Medien gegangen war: Seine damals[2] zehn Tage alten Zwillinge hatten eine tausendfach erhöhte Dosis Heparin erhalten, wodurch sie beinahe ums Leben gekommen wären.

Tom hörte ruhig zu, als der Schauspieler und Hollywoodstar aus seiner Rolle schlüpfte und Dennis einfach zu dem liebenden Vater wurde, der beinahe seine Kinder verloren hätte.

Dennis erläuterte zwischen Sandlöchern und Putting Greens, wie er dazu gekommen war, die Rolle meines Mannes in dem Film zu übernehmen: „Ich spielte mit meinen Kindern auf dem Wohnzimmerboden, als Ihre Tochter Bethany in einer Fernsehshow auftrat. Ich konnte mich erinnern, dass sie ein Hai angegriffen hatte. Ich stellte den Fernseher lauter. Während ich ihr zuhörte merkte ich, was für ein faszinierendes Mädchen sie ist. Ihre Geschichte berührte und inspirierte mich tiefer, als ich es ausdrücken kann. Als es dann hieß, es solle ein Film über Bethany gedreht werden, dachte ich, da würde ich doch zu gerne dabei sein."

Tom sagte, Dennis wurde ganz ruhig und bekam sogar feuchte Augen, während er sich diesen Moment noch einmal ins Gedächtnis rief. Tom spürte die Kraft des Augenblicks und sagte nichts.

Als Dennis erneut das Wort ergriff, drehte er sich mit seinem berühmten breiten Grinsen zu Tom um. „Kaum zu glauben – aber ein paar Wochen später rief mein Agent an und erzählte mir, die Produzenten fragten sich, ob ich eine Rolle in einem Film über ein beeindruckendes Mädchen namens Bethany Hamilton von der Hawaii-Insel Kauai übernehmen wolle. Diese Gelegenheit ließ ich mir nicht entgehen!"

Da – und auch, als er nach Hause kam – sagte Tom: „Da hatte Gott seine Hand im Spiel."

---

2  (November 2007; Anm. d. Übers.)

Nicht einmal in unseren wildesten Träumen hätten Tom und ich uns ausmalen können, was sich in unserem Leben ereignen würde, genauso wenig wie den Weg, der vor uns als Familie lag. Ich meine nicht nur den bekannten Haiangriff am frühen Morgen des Halloween 2003. Ich meine all die vielen Pfade und Ereignisse, die uns durch diese Beinahe-Tragödie brachten, bis hin zu dem Zeitpunkt, als Tom mit einem talentierten Schauspieler Golf spielte, der sein Talent einsetzen würde, um unsere Geschichte zu erzählen.

Ich wusste ohne jeden Zweifel: Wenn ich für das Drehbuch unseres Lebens zuständig gewesen wäre, hätte ich es ganz anders geschrieben als Gott. Doch Gottes Drehbuch ist auf jeden Fall unglaublicher! Ich würde es so beschreiben, als stehe man hinter einem Bildteppich der Schöpfung Gottes. Von meinem Standpunkt aus kann ich weder Muster noch Absicht erkennen. Das Leben ist oft stürmisch, widersprüchlich und scheinbar sinnlos, wie die Auswirkungen eines Orkans. Hin und wieder lässt Gott mich dann einen kurzen Blick auf die Vorderseite des Bildteppichs erhaschen.

Ich weiß, dass sogar das Golfspiel meines Mannes mit Dennis Quaid und die Art, wie Dennis offenbar berufen worden war, Tom darzustellen, von Gott in Szene gesetzt war. Als Tom beispielsweise von seinem Glauben an Christus erzählte, hatte er keine Ahnung, dass der Schauspieler in einem christlichen Zuhause aufgewachsen war und seinen eigenen christlichen Glauben überzeugend dargelegt hatte.[3]

Es kam *alles* von Gott; es war göttliche Vorsehung!

Wir hatten sieben lange Jahre auf den Tag der Filmaufnahmen zu *Soul Surfer* gewartet. Doch endlich war es soweit und im Februar 2010 zog unsere Familie für die Filmproduktion in ein Haus am North Shore, der Nord-

---

3  Laura Sheahen, „'It's All God': Interview with Dennis Quaid".

küste, vor einem beliebten Surfspot* namens V-Land auf Oahu.

Wir waren im Epizentrum der Surfwelt, dem als Seven Mile Miracle bekannten Teil Hawaiis mit einer ganzen Reihe weltberühmter Surfbreaks* wie Pipeline, Sunset Beach und Waimea Bay. Am North Shore finden die meisten Wettbewerbe im Big Wave Surfing* statt und hier trainieren die Profis. Andere gehen in diese erstklassigen Wellen aus purer Leidenschaft und Liebe zum Surfsport. Viele andere mit einem eisernen Willen nehmen es mit Wellen von der Größe mehrstöckiger Häuser auf, die auf oberflächennahen, rasiermesserscharfen Riffs zermahlen werden. Wenn Sie je Aufnahmen von einem Big Wave Surfing* Wettbewerb gesehen haben, war es in 9 von 10 Fällen das Seven Mile Miracle.

Für die nächsten Monate in unser neues Zuhause umzuziehen bedeutete auch, unseren Hund Hana von Kauai hierher zu transportieren, damit die Familie komplett war. Wir konnten selbst kochen und als Familie miteinander essen, anstatt in einem Hotelzimmer zu wohnen. Wir konnten auch Familientreffen zu den laufenden Produktionsarbeiten abhalten. Sonntags konnten wir sogar nach dem frühmorgendlichen Surfen die Gemeinde mit unseren Freunden der *North Shore Fellowship* besuchen.

Falls Sie sich fragen, welche Hollywood-Vorteile wir genossen – dazu gehörte jedenfalls kein Dienstmädchen. Das war mein *Kuleana*, mein Zuständigkeitsbereich, wobei jeder mal einsprang! Wenn Tom manchmal Golf mit Leuten wie Dennis Quaid spielte, spielte ich derweil das „Heimchen am Herd".

Bei den Dreharbeiten zu *Soul Surfer* war ich nicht das erste Mal an einem Set, aber ich gebe zu, ich hatte den vielen Filmdreharbeiten auf Kauai nicht allzu viel Beachtung geschenkt, da ich immer vor allem die Brandung auf dem Schirm hatte.

Unsere Heimatinsel Kauai, und dort vor allem der North Shore, wo wir wohnen, war schon Schauplatz dutzender großer Filme – darunter *Süd Pazifik, Jurassic Park*

– *Vergessene Welt, Jäger des verlorenen Schatzes, Outbreak – Lautlose Killer* sowie in jüngerer Zeit *Pirates of the Caribbean: Fremde Gezeiten.* Als die malerischen Taro-Felder von Hanalei für *Die verwegenen Sieben* wegen des Vietnameffekts in Reisfelder verwandelt wurden, konnten wir auf dem Weg zum Surfen so tun, als würde Kauai angegriffen!

Ich weiß noch, dass ich unmittelbar vor dem Orkan Iniki an riesigen grünen Toren mitten im Schilfrohr vorbei fuhr, auf denen „Jurassic Park" stand, und ich mich fragte, was in aller Welt ein „Jurassic Park" war. Ich hatte nie davon gehört. Doch jetzt war die Produktion von *Soul Surfer* endlich Realität geworden. Die ganze Familie steckte mittendrin. Tom, Bethany und ich sahen zu und erfuhren, wie aufwendig Dreharbeiten sind. Durch diese seltene Gelegenheit, ein Produktionsteam zu sehen, das die Geschichte unserer eigenen Familie filmte, kamen wir jeden Tag zum Set. Noah und Becky waren als Co-Produzenten engagiert, um bei der Feinabstimmung vieler wichtiger Details – manche klein, andere sehr groß – mitzuwirken. Bei Casting, Schauplätzen und Musik waren sie stark eingebunden und konnten dort viel bewegen.

In einem Kino läuft die Action in großer Geschwindigkeit ab, doch um solche temporeiche, fließende Szenen zu drehen, ist ein Riesenaufwand an Arbeit und Zeit notwendig, um alles ganz genau hinzubekommen. Einen Film zu drehen ist peinlich genaue Arbeit. Die täglichen Kosten der Dreharbeiten machten lange Arbeitstage erforderlich, um das gute Wetter auszunutzen. An jeder winzigen Nuance wird gefeilt, womit manchmal Wochen vor den eigentlichen Dreharbeiten begonnen wird! Wir drehten zwei Monate auf Oahu, ein paar Tage auf Kauai und eine Woche auf Tahiti. Jedes Detail im Drehbuch, jedes Umschreiben – und jedes Umschreiben des Umgeschriebenen –, jedes Vertragsdetail raubte allen die meiste Zeit und Energie. Als endlich die offiziellen Dreharbeiten begannen, war das Zuschauen sehr spannend, und bei der Gelegenheit konnten wir hier und da noch einen Tipp anbringen.

Sean McNamara, der Regisseur, der so viel Talent und ein angenehmes Wesen hat, brauchte nicht allzu viele Tipps. Sein kreatives Talent machte aus der gesamten Produktion einen positiven, familienfreundlichen Film.

Es war faszinierend, die Aufnahmen der Szenen zu beobachten, doch aus der Perspektive einer Mutter oder eines Vaters war es bisweilen auch schwierig. Einmal kamen wir am späten Vormittag zum Set, als gerade eine Szene bei Hamiltons daheim gedreht wurde. Die Familie sprach gerade bei Tisch das Dankgebet. Ross, der unseren Sohn Noah spielte, wusste nicht, was er tun sollte, als alle einander an die Hand nahmen. AnnaSophia, die Bethany spielte, erkannte sein Unbehagen und legte seine Hand auf ihre Schulter. Ich brauchte mir die Szene bloß am Monitor anzuschauen, da brach ich in Tränen aus! Die Szene war so realistisch.

Tim, Bethanys Bruder, wurde für die Kamera-Crew angeheuert. Er hat eine Anlage, um die ihn alle beneiden – riesige Waden! Wenn man einen Surfer-Film dreht, bedeutet das Strände mit weichem Sand. Niemand trägt gerne schweres Equipment über lange Strecken durch weichen Sand. Doch halt! Schaut euch nur diese Waden an! Sie gehen überall hin! Tun alles, worum wir bitten! Geh, Timmy, geh! Wir brauchen dich!

Gott hatte Tim jahrelang vor-vorbereitet, um für den Film seiner Schwester gute Arbeit zu leisten. Er hatte bereits zwei DVDs über Bodyboarding* gemacht sowie lustige, kreative und spannende Kurzfilme. Tims Können im Wasser ist legendär. Im Wasser und außerhalb ist er stark wie ein Ochse. Er hatte bereits einen Ruf für hervorragende Ausdauer, Kühnheit und Furchtlosigkeit in all seinen Unternehmungen. Des Weiteren war er Assistent bei der Krimiserie *Hawaii Five-0.* Er hat wahnsinnig großes Talent und ich als Mutter bin dankbar, dass Gott ihn ausgesucht hat, um ihn zu gebrauchen.

Wir waren glücklich mit der Besetzung herausragender Schauspieler. Als Familie machten wir uns Sorgen, weil sie als echte Surfer im Wasser auch überzeugend sein mussten. Doch kein Grund zur Sorge!

Dennis Quaid wurde vom Surffieber erfasst. Das bedeutete, dass er im Wasser auf einem Surfbrett nicht nur gut aussah, sondern er musste nicht einmal so tun als ob! Irgendwann warf er meinem Mann scherzhaft vor, er habe Dennis als Golfer ruiniert, indem er ihn zum Surfen gebracht hatte. Er war mit Feuereifer beim Wellenreiten. Die restliche Zeit auf Oahu surfte er so viel wie möglich, selbst an dem Tag, als er seine letzte Welle am Makaha Beach erwischen musste und ganz nass zum Flughafen düste!

Helen Hunt, die mich als „Surfer-Mama" spielte, war bereits eingefleischte Surferin und brachte für den Film ihr eigenes Lieblings-Surfbrett mit. An unseren wenigen arbeitsfreien Tagen surften wir alle auf Longboards*. Mit wirklich großer Anmut und guter Haltung gleitet sie das Face* hinab. Der großartigste Surfer war Helens Surfcoach „Turtle"[4], der uns alle in den Schatten stellte! Er ist einer der Darsteller in *North Shore – Die Wellenreiter von Hawaii*. Eine meiner Lieblingszeilen im Film ist, wo sie Nein sagt, als Bethany nachts surfen gehen will, es sich dann aber anders überlegt. So etwas habe ich auch häufig gemacht.

Die herausragendste Rolle in dem Film ging an Anna-Sophia Robb, die meine Tochter Bethany spielt. AnnaSophia musste nicht nur so surfen, als habe sie nie etwas anderes getan, sondern auch noch mit einem Arm auf dem Rücken!

Als Bethany und ich uns *Brücke nach Therabitia* mit AnnaSophia Robb anschauten, waren wir uns einig, dass sie die perfekte Schauspielerin für diese Rolle wäre. Besonders wichtig war es uns, Bethanys Umstellung nach einem Verlust, der lähmend hätte sein können, richtig darzustellen. Der Hai biss Bethanys linken Arm bis hoch zur Schulter ab. Den meisten von uns ist überhaupt nicht bewusst, wie schwierig die einfachsten Aufgaben mit nur einem Arm sind. Ein Hemd zuknöpfen, Schuhe zubinden, Essen vorbereiten – solche alltäglichen Dinge,

---

4   (John Philbin; Anm. d. Übers.)

die die meisten Menschen machen, ohne darüber nachzudenken. AnnaSophia hatte äußerst fähige Lehrer für
die Surfszenen. Ihr Trainer auf Oahu war der Big Wave
Surfer* Noah Johnson. Noah surfte in dem Film *Blue
Crush* die Stunts in dem gewaltigen Barrel* an dem Surfbreak* Pipeline. Er ist ein bekannter Big Wave Surfer*
und gewann im Januar 1999[5] den *Quiksilver Eddie Aikau
Big Wave* Wettkampf. Auf Kauai arbeitete AnnaSophia
mit Bethanys eigenem weltberühmten Surftrainer Russell Lewis, der für die Hanalei Surf Company unterrich-
tet. (Er war früher australischer Juniorenmeister.)

AnnaSophia machte schnell Fortschritte beim Surfen, teilweise weil sie bereits in der Schule viel mit Tanz,
Gymnastik und Schwimmen gemacht hatte. Sie ist wie
ihr Vater eine geborene Sportlerin und sie hat den anmu-
tigen Charme ihrer Mutter. Wir verliehen ihr als Anfängerin eine 1+!

Jack Nicholsons Tochter spielte Alana mit solch einer
natürlichen Gewandtheit. Lorraine ist eine bezaubernde
junge Schauspielerin vor der Kamera. Es war hervorra-
gend, wie sie sich auf dem Strand übergab, genau wie die
echte Alana nach dem Haiangriff! Lorraine brachte uns
zum Weinen, doch auch zum Lachen, dadurch wie be-
gabt sie Alana spielte und ihr darin unheimlich ähnlich
war. Noah Johnson war Lorraine Nicholsons Coach für
die ernsthafteren Rollen, die sie zu spielen hatte.

Sonya (Balmores) Chung ist verheiratet mit Noahs
Freund Kanoah, einem begeisterten, talentierten Surfer
auf Kauai. Im echten Leben trat Sonya, eine exzellente
Surferin, in jüngeren Jahren gegen Alana und Bethany
an. Noah ging gerade am Büro der Produzenten vorbei
und bekam mit, wie sie besprachen, wer die Rolle der
Malina Birch übernehmen solle. Sie erwogen gerade eine
Schauspielerin von außerhalb der USA, da schlug Noah
ihnen Sonya Chung vor, Surferin und Schauspielerin aus
Hawaii. Gott hat ein perfektes Timing!

---

5 „Hilo Hawaii's Noah Johnson Wins the Quicksilver (sic) in Memory of
Eddie Aikau", HoloHolo, Hawaii, 1. Januar 1999.

Ross Thomas und Chris Brochu, die unsere Söhne Noah und Tim spielen, waren beide bereits absolute Wasserratten. Sie passten beide perfekt zur jeweiligen Persönlichkeit unserer Söhne. Es machte Spaß, alle in Makaha surfen zu sehen; und anschließend unterhielt uns Chris häufig mit Gitarre und Gesang.

Kevin Sorbo war beispiellos in seiner Rolle! Er war von Natur aus Holt ähnlich, genau wie ein echter Held, und er war der perfekte Surf-Papa für Holts Tochter Alana, gespielt von Lorraine Nicholson. Kevin konzentrierte sich in seinen Surfstunden darauf, was man braucht, um am Strand und im Wasser cool und selbstsicher zu wirken. Er sollte wie ein erfahrener Surfer aussehen und bekam Tipps zu Detailaspekten des Surfens, beispielsweise wie man bei starkem Wind sein Surfbrett festhält, wie man ein Surfbrett wachst, als mache man das seit 35 Jahren, und (das ist entscheidend) wie man während der Rettungs-Szene über das Riff geht, während sich sehr stürmische Wellen bei steigender Flut an den Felsen brechen! Das war eine der härtesten Szenen bei den gesamten Dreharbeiten.

Bethany schlug vor, Jeremy Sumpter, der 2003 die Hauptrolle in *Peter Pan* gespielt hatte, solle Holts Sohn Byron spielen; die Produzenten stimmten zu. Wegen der Beschränkungen der Filmlänge war seine Rolle kurz. Die körperlich schwierigste Szene ist, wie Kevin und Jeremy Bethany retten, unmittelbar nachdem sie ihren Arm verloren hat. Das Kamerateam und sogar der Regisseur mussten im tosenden Wellenschlag tagelang ihre Neoprenanzüge anbehalten. Der Arzt war ständig mit Schnitten und Korallensplittern beschäftigt! Kevin meisterte alles wie ein Profi.

Arlene Newman-Van Asperen, die Sydney spielt, Alanas Mutter und Holts Frau, ist Hawaiianerin vom North Shore aus Oahu. Natürlich passte Arlene wunderbar in die Surfszenen. Sie war jahrelang in Schauspielausbildung und gewann 2005 den Titel der Mrs. Hawaii. Während der Dreharbeiten zu *Soul Surfer* bildeten Arlene und ich regelmäßig eine Gebetsgemeinschaft. Sie ist eine anmutige, begabte Tänzerin hawaiischer Tänze. Sie war schon früh ins Gemeindeleben eingebunden, denn ihr Vater war Pfarrer und ihre Mutter eine echte Fürbitterin. Einige Male, als uns alles über den Kopf wuchs, riefen wir ihre Mutter an und baten sie um ihre Gebete! Arlenes Rolle war klein, doch sie hatte die Gelegenheit, viel mit Kevin Sorbo zu unternehmen!

Sarah Hill, Bethanys Jugendleiterin, wurde als Maskenbildnerin beschäftigt. Sie hatte Jesus als ihren Herrn und Erlöser in Südkalifornien angenommen. Als sie einmal Wellen an einem kalifornischen Beachbreak* surfte, erlebte sie einen schlimmen Wipeout* und brach sich dabei Hals und Rücken. Gott heilte sie auf übernatürliche Weise. Gebet war ein Hauptbestandteil ihres geistlichen Lebens, und dadurch empfing sie den göttliche Eindruck, nach Hawaii zu ziehen. Niemand glaubte ihr, aber sie vertraute auf Gottes Führung. Sie zog nach Kauai und wurde Jugendleiterin der *North Shore Community Church*, zu der wir gehören. Beim Surfen und Bibellesen baute Sarah Freundschaften zu den Mädchen auf; dann passierte der Haiangriff.

Carrie Underwood erhielt den Zuschlag für diese Schlüsselrolle im Film. Ich glaube, die Rolle passte sehr gut zu ihr und sie hatte großen Anteil an der Gestaltung der Szene, wo sie die Worte von Jeremia 29,11 aussprach. Nachdem hin und her überlegt worden war, wie man mit dem Bibelvers verfahren solle, endete das Gerangel damit, dass Carrie vorbrachte, er gehöre zu einer wahren Geschichte und die Wünsche der Familie sollten respektiert werden.

Als Christen an der Nordküste von Kauai haben wir uns schon an unterschiedlichen Orten im Namen Jesu versammelt. Unsere Gemeinde hatte nie ein eigenes „Zuhause", wo man feste Wurzeln schlägt und so etwas beherbergt wie eine christliche Bibliothek mit massenweise tollen Büchern, DVDs, Kindervideos, eine Kapelle, eine

genau passende Krabbelstube oder überhaupt ein Gebäude, wo man sich unter der Woche zu Gottesdiensten, Bi-
belgruppen oder anderen Versammlungen einfinden
kann.

Derzeit ist unsere Kapelle ein gelb-grünes Zelt mit einem wunderbaren Schattenbaum.

Als Regisseur Sean McNamara zu uns kam, um die
Örtlichkeiten für bestimmte Szenen zu begutachten,
nahm er an einem Gottesdienst mit uns unter dem Zelt
teil. Aber nicht da, wo wir in den Gottesdienst gehen,
sondern in der Gemeinde von Beckys Vater, wo er Lob-
preisleiter und zweiter Pastor ist. Wer unter einem Zelt
zusammenkommt, um Gott zu loben, der hebe die Hand!
Ebenso derjenige, dessen Sohn eine hübsche Frau gehei-
ratet hat, die ebenso zum Gottesdienst unter ein Zeltdach
geht! Unsere Zeit war knapp und dieser Gottesdienst
passte in den straffen Zeitplan. Was ist schließlich der
Unterschied zwischen dem einen Zelt und dem anderen?
(Besucher müssen denken, hier auf Kauai kommen wir
alle zum Gottesdienst in Zelten zusammen!)

Als wir am Strand auftauchten, um die Gottesdienst-
zelt-Szene zu drehen, von der ich irrigerweise angenommen hatte, sie werde auf Kauai gedreht, wurde ich total
überrascht. Die Szene war herrlich und wunderschön.
Auf dem Gras neben dem glitzernd blauen Wasser am
Strand von Kahuku war ein weißes Zelt aufgebaut worden. Meine Augen füllten sich mit Tränen, als ich die Szene betrachtete. Draußen wurde ein großes Holzkreuz
aufgestellt und in die Szene eingebaut. Und es war etwas
ganz Besonderes, Timmy bei der Arbeit mit dem Kamerateam zu sehen. Er ist ein sehr liebenswürdiger Mensch
und das Team arbeitete gern mit ihm zusammen. Tom
und ich sowie ein paar unserer Freunde und Verwandte
anderer „Schlüsselfiguren" waren als Komparsen in der
Gottesdienstszene. Stellen Sie sich das mal vor! Wir wurden dafür bezahlt, in die Kirche zu gehen!

Tom und ich saßen hinter Dennis Quaid und Helen
Hunt. Dann sangen wir gemeinsam das Lied mit dem besonderen Thema, das Gott unserer Familie unmittelbar

nach dem Haiangriff geschenkt hatte, nämlich „Blessed Be Your Name" von Matt und Beth Redman. Wir sangen es wieder und wieder, für eine Aufnahme nach der anderen, doch es wurde mir nicht leid. Wir sangen es mit verschiedenen Kameraeinstellungen und leichten Anpassungen durch, und es machte Spaß, Spaß, Spaß!

Das Witzigste beim Aufnehmen dieser Szene hatte mit unserer Schwiegertochter Becky zu tun, die als Co-Produzentin arbeitete. Da Sean McNamara selbst ein talentierter Musiker ist, hat er die Musikszenen ganz toll gemanagt. Sean übertrug Becky die Aufgabe, dafür zu sorgen, dass wir beim Singen im Takt blieben. Becky reckte ihre Hand durch einen Vorhang und bewegte sie im Takt auf und ab, während die Kameras uns aufnahmen. Wir sahen bloß diese Hand, die das Lied dirigierte. Es war urkomisch! Da wir den Großteil des Tages für die Zelt-Szene brauchten, konzentrierten sich die Kameras später auf das Lobpreisteam, zu dem Becky als Lobpreisleiterin sowie Carrie Underwood, eine Freundin von Noah und ein Mädchen aus San Diego gehörten.

Am Sonntag nachdem Bethany das Krankenhaus nach dem Haiangriff verlassen hatte, waren wir gemeinsam im Gottesdienst. Als letztes Lied spielte das Lobpreisteam „Blessed Be Your Name" und Gott sprach zu mir durch dieses Lied. Darin heißt es: „Er (Gott) gibt und nimmt! Gepriesen sei sein Name!" Gemeinsam freuten wir uns über die Wahrheit, dass wir – was auch immer in unserem Leben geschehen mag – in seinen Händen sind und er unsere Erfahrungen zu seinen göttlichen Zwecken zusammenfügt. Dieses Lied schenkte mir solchen Frieden. Wir wussten, unser himmlischer Vater streckt sich nach uns aus, um uns erkennen zu lassen, dass er über uns wacht.

Nach Gottes unnachahmlichem Timing wurde dieses Lied bei jedem Gottesdienst gespielt, den wir im darauf folgenden Jahr besuchten – ob in Australien, New Jersey, England, Kalifornien, Haleiwa oder vielen anderen Reisezielen. Es war eine Bestätigung, dass wir seinen Willen taten. Gegen Ende dieser Zeit, als ich eine schwierige

Phase durchmachte, bat ich Gott, mir eine Angelegenheit meines Herzens zu bestätigen, indem in der Gemeinde „Blessed Be Your Name" gespielt wurde – und das tat er! Ich staunte nicht schlecht und fühlte mich sehr von ihm geliebt!

Als die Jungen noch klein waren, merkte ich schon, dass sie unterschiedliche Persönlichkeiten hatten. Timmy vertiefte sich immer in eine Sache, während Noah Milliarden von Antennen ausfuhr für alles, was um ihn herum passierte. Beim Drehen von *Soul Surfer* kam Noahs Vielseitigkeit auf zahllose Weise zum Einsatz. Durch seine Hartnäckigkeit schaffte er es ins Produktionsteam. Ein Geschenk des Himmels ist Becky, die Frau unseres Sohnes Noah! Jüngst schloss sie ihr Studium des Filmemachens an der *California State University*, Fullerton, ab. Noah und Becky wurden als Co-Produzenten eingesetzt für die Feinabstimmung vieler entscheidender Details, von denen einige kleiner, andere sehr groß waren. Beispielsweise war Noah sehr pedantisch hinsichtlich der Kleidung, die von Surfern, die in dem Film vorkamen, getragen wird oder nicht. Beide waren sehr engagiert bei Casting, Drehorten und Musik. Noah sorgte dafür, dass die Surf-Szenen so authentisch wie möglich ausfielen.

Außer den paar Mitwirkenden, die schon surfen konnten, wurden die anderen darin unterwiesen, wie schwierig es ist, auf einem Hartschaumbrett mit einer Beschichtung aus Glasfasergewebe das Gleichgewicht zu halten, während einen gleichzeitig Tausende Kilo aufgewühlten Wassers entweder auf Felsen oder Riffe schleudern oder auf den Strand klatschen. Ich weiß, dass Surfen einfach aussieht, aber glauben Sie mir, verglichen mit beinahe jedem anderen Sport ist die Lernkurve für fortgeschrittenes Surfen fast vertikal.

Anfänger können ihre Surferfahrungen beschleunigen, indem sie etwas über Sicherheit, Verhaltensregeln und die Hauptfertigkeiten des Surfens lernen, um Fehler und mögliche Verletzungen zu minimieren. Klingt so, als wolle sich niemand nach einem herausfordernden Tag voller Surfstunden wieder zurückbegeben, doch die Crew von *Soul Surfer* hatte es voll erwischt. Mit der richtigen Ausrüstung, dem richtigen Wetter und Wind sowie perfekten Anfängerwellen lernt man rasch die Grundlagen und kann die warmen Wellen hier auf Hawaii genießen.

Der wichtigste Aspekt im Film war es, Bethanys wahre Surffähigkeiten zu präsentieren, was Noah auf Tahiti vorantrieb. Becky war jeden Tag am Set, beriet unseren Regisseur Sean in jedem Detail hinsichtlich Dialogen, Surfjargon und der genauen Darstellung von Bethany. Noah arbeitete in dem Team auf dem Wasser, das stundenlang die Wettkämpfe filmte. Auf Kauai arbeitete er mit an einigen der effektvollsten Kulissen des ganzen Films. Noah und Becky assistierten viele lange Stunden in der Maske, den Kostümen, der Produktplatzierung und dem Archivmaterial. Als einer der Fotografen am Set dokumentierte Noah die täglichen Dreharbeiten mit Standbildern, während Becky dasselbe auf Video aufnahm.

Während der Film *Soul Surfer* Formen annahm, war uns am wichtigsten, die wahren Details hervorzuheben statt eine erfundene Geschichte zu erzählen. Zu viele Fakten der Geschichte sind schier unglaublich! Die gesamte Familie, vor allem Noah und Becky, sorgte mit Hingabe dafür, dass der Film die Surfkultur, das Inselleben und natürlich unseren christlichen Glauben realistisch abbildete. Noah und Becky trommelten auch all unsere Freunde aus Oahu zusammen, um sie bei Surfwettkämpfen oder in der Kirchengemeinde unterzubringen.

Besonders zufrieden waren wir damit, dass Noah Mike Coots, seinen Freund vom Surfen, der damals in Kilauea, Kauai, nur wenige Häuser von uns entfernt wohnte, in den Film einbinden konnte. Mike hat 1998 bei einem Haiangriff seinen Fuß verloren. Es passierte im Westen von Kauai, als Mike mit ein paar Freunden beim Bodyboarden* war, die alle auf Wettkampfebene hochrangige Plätze einnahmen. Er verlor den unteren Teil seines Beins, überlebte jedoch, indem er den Hai mit bloßen Händen abwehrte. Mike verlor genauso wenig wie Bethany die Freude am Meer. Mithilfe einer speziell angepassten Beinprothese hat er gelernt, im Stehen zu surfen und betreibt weiterhin Bodyboarding*.

Mike erlangte einen Abschluss als Fotograf am *Brooks Institute* in Santa Barbara, Kalifornien. Im Film *Soul Surfer* spielt er einen Fotografen, der Lorraine Nicholson – in der Rolle der Alana – in der Fotoszene am Strand aufnimmt.

Die Geschichten von Mike und Bethany ähneln sich: Beide waren sie vor die Wahl gestellt, sich entweder geschlagen zu geben, oder gestärkt aus ihrem Erlebnis hervorzugehen. Mike ist mittlerweile ein vielbeschäftigter Fotograf für Lifestyle- und Surfaufnahmen. Außerdem spricht er sich öffentlich für Haie und gegen destruktive Fangmethoden wie das „Finning" (das Abschneiden der Flossen zum Verzehr und für medizinische Zwecke und das Entsorgen der Reste oft noch bei lebendigem Leib) aus.

In jungen Jahren banden Mike und sein Kumpel Miguel abenteuerlustig und voller Energie den verwesenden Kadaver eines Wildschweins an einen Jetski und zogen ihn hinaus aufs Meer. Miguel wartete mit einem Finger auf der Zündung ab, während Mike eine Videokamera an einem langen Paddel herabließ. Und schon kam ein fünf Meter langer Tigerhai und verschlang das Schwein in einem Stück!

Während alles für die Szenen arrangiert wird, gibt es viel Leerlauf, den alle augenscheinlich nutzten, um endlos lange Handygespräche zu führen. Dadurch gab es leider wenig Gelegenheit, die anderen am Set besser kennenzulernen und sich mit ihnen auszutauschen. Während der Aufnahmen war es entscheidend, dass all diese Handys ausgeschaltet waren.

Bei den starken Passatwinden und dem Salzwasser waren die Friseure mit ihrem Latein am Ende. In *Soul Surfer* werden Sie also nicht Ihre Lieblingsfrisur entde-

cken! Beim Surfen ist es einem egal, wie die Haare aussehen. Oder vielleicht auch nicht, aber man kann nicht viel
daran ändern, während man von den Wellen hin und her
geschleudert wird. Es war eine endlose Aufgabe, die
Schauspieler wie Filmstars aussehen zu lassen.

Unsere Freunde und Verwandten bei diesem atemberaubenden Projekt dabei haben zu können, verwob uns
fester mit der unglaublichen Tatsache, dass ein Film über
uns gedreht wurde ... über ein grässliches Ereignis an
einem Oktobermorgen, das uns nicht vernichtete, sondern das zu einer Quelle nie da gewesenen Segens für
uns und viele andere wurde.

Am 27. Februar 2010 fegte während der Filmproduktion
ein Tsunami über die Hawaii-Inseln. Im weit entfernten
Chile hatte es ein Erdbeben der Stärke 8,8 gegeben. Unverzüglich warnten die Seismologen, dass eine Flutwelle
von einem bis über zwei Meter Höhe von einem Ende des
Pazifiks zum anderen rasen könnte.

Hawaii lag genau auf ihrer Strecke.

Unsere Nachbarn hatten uns erzählt, dass sie in den
1950ern ihr Haus am Meer durch einen Tsunami verloren
hatten und überlebten, indem sie auf einen Hügel hinter
ihrem Haus stiegen, als sie die steigenden Fluten in der
Bucht bemerkten. Mir wurde klar, dass man Tsunamis
ernst nehmen muss. Als also die Luftschutzsirenen am
27. Februar um 6 Uhr losheulten, unterbrach Sean unseren Zeitplan und ließ alle Schutz suchen. Das Turtle Bay
Resort hatte Zimmer, die drei Stockwerke hoch lagen
und die den Gästen, Schauspielern und Produzenten als
Zufluchtsort empfohlen wurden.

Wir blieben an Ort und Stelle, denn die Tsunami-
Überschwemmungskarte im Telefonbuch zeigte an, dass
wir hoch genug auf dem Hügel waren, um die Flut nicht
abzubekommen. Beim Blick aus dem Fenster sahen wir,
wie unsere Nachbarn ihre Grills, Surfbretter und Jetskis
einpackten.

Wir hatten schon öfter als einmal ein Auto wegen einer Tsunamiwarnung vollgepackt. Sie waren alle eingetroffen, aber zu klein, um richtig besorgniserregend zu sein. Ich forschte nach und erfuhr, dass uns keine Gefahr drohte; das war für uns jetzt die Gelegenheit, ein paar nicht übervölkerte Wellen abzubekommen!

Wir beluden den Wagen mit Surfbrettern und der Kamera, nachdem wir den Bericht gesehen hatten, wonach kein von Chile kommender Tsunami mehr auf andere pazifische Inseln treffen würde. Die jungen Leute hatten viel Spaß beim Surfen, bis der Hubschrauber der Küstenwache in der Luft schwebte und sie aus dem Wasser jagte. Ich habe Tsunamis intensiv recherchiert und wir haben schon so oft falschen Alarm gehabt, dass wir uns sicher waren, dieser hier hätte keine großen Auswirkungen. Wir hatten schon so viele gigantische Surftage erlebt, dass eine ein Meter hohe Flutwelle uns nicht auf einen Hügel treibt.

Als ich später am Strand saß, ging mir auf, dass Gott mir nicht nur eine Metapher für unseren Film zeigte, sondern auch für die Ereignisse in unserem Leben. Das Ereignis, das sich als zerstörerischer, Furcht einflößender Tsunami hätte entwickeln können, entpuppte sich als Welle des Segens. Gott hat immer einen Plan mit uns, und die vermeintliche Tragödie setzte er dazu ein, an seinem Plan zu arbeiten, die Welt mit einem Tsunami der Liebe zu umfangen. Es war die Erfüllung von Jeremia 29,11 in unserem Leben.

Wir waren mitten in Gottes Plan und wir sahen, wie er unser Leben dazu nutzte, Menschen zum Glauben an ihn zu bringen. Ich konnte sehen, dass Gott immerzu für uns sorgte. Er bereitete Tom und mich vor, noch bevor wir ihn persönlich und näher kannten.

Das Ereignis, das unsere Familie erschütterte, schickte nichts Zerstörerisches aus; es schickte eine Welle der Hoffnung und Liebe in Form einer Geschichte des Triumphes über das Unglück durch unser Vertrauen auf Gott aus. Der Tsunami von Gottes Aufprall in unserem Leben hat nichts von seiner Kraft verloren. Menschen, die unsere Geschichte erzählt bekommen, werden von Gottes Liebe noch immer von den Füßen geschwemmt.

Unsere Reise bis hierher begann lange, bevor Bethany von einem Hai angegriffen wurde. Sie begann weit weg von den großartigen tropischen Stränden Hawaiis. Sie begann mit einem Jungen aus New Jersey mit einer dicken, eckigen Brille und einer sportlichen blonden Kalifornierin aus San Diego.

# Der Junge aus Jersey

*Ja, Herr, du wirst dich auch in Zukunft um mich küm-*
*mern, deine Gnade hört niemals auf! Was du angefangen*
*hast, das führe zu einem guten Ende.*
Psalm 138, 8 (HFA)

Mit 13 Jahren entdeckte Tom die Freude am Surfen.

Kommt Ihnen New Jersey in den Sinn, wenn Sie an einen Ort mit einer blühenden Surfkultur denken? Neuigkeiten verbreiten sich schnell, und schneller noch in der Surfwelt.

Im August 1888 war auf dem Deckblatt einer Zeitschrift mit dem Titel *National Police Gazette* aus New Jersey eine Surferin beim Wellenritt abgedruckt. Dieses Stück Ostküstengeschichte hat Skipper Funderburg dokumentiert und gehört zur Sammlung der „Surfing Heritage Foundation".

Wir spulen im Schnelldurchlauf vor zum Jahr 1963, als die Beach Boys mit „Surfing USA" einen Hit landeten. Durch die Musik schien sich das Surffieber überall auszubreiten – auch auf die vorgelagerte Insel mit dem beliebten Urlaubsort Ocean City, New Jersey.

Toms Vater war mit seiner Familie vom mittleren Teil New Jerseys dorthin gezogen, als Tom noch ein Kleinkind war. Toms Vater war Zahnarzt und hatte wohl gedacht, Zähne könne er überall behandeln, also durchaus auch nahe am Strand. So wuchsen Tom, der Jüngste, seine beiden Brüder Mike und Bob sowie seine Schwester Pat im beschaulichen und familienfreundlichen Ocean City auf, einer Kleinstadt mit etwa 8.000 Einwohnern, die jeden Sommer kräftig Zulauf bekam. Wenn der Sommer herannahte, waren die berühmten Flaniermeilen von Ocean City zum Bersten vollgestopft und boten einen Blick auf freundliche Wellen, die sich gut reiten ließen.

Während jenes Sommers 1963 zählten für Tom und seinen besten Freund Monk nur die Wellen fernab des überlaufenen Strandes – Wellen, die plötzlich eine neue Bedeutung hatten: Surfen!

Für die meisten Amerikaner war das einfach nur so eine Modeerscheinung wie Hula-Hoop oder 3-D-Filme. Surfer waren Draufgänger, die monströse Wellen auf Hawaii ritten oder den Bikiniträgerinnen in Kalifornien Longboardposen wie Hanging Ten* vorführten; beides lag weit entfernt von Tom und Monks Alltag.

Für einen starken Schwimmer wie Tom war es der natürliche Lauf der Dinge, dass er sich außerhalb des Schwimmbeckens austoben wollte. Er war der Rowdy unter seinen Geschwistern, der Ruhelose, der „Trickster", wie seine Surfmannschaft ihn nannte. Den Spitznamen bekam er nicht, weil er ein „Gauner" gewesen wäre – obwohl auch das passte –, sondern weil er beim Billard ein paar Tricks kannte.

Tom flog von der Konfessionsschule, weil er eine der Nonnen mit einem Radiergummi bewarf. Man kann sich leicht vorstellen, dass seine irischen, sehr katholischen Eltern mit ihrem vierten Kind alle Hände voll zu tun hatten, vor allem da sie eigentlich nur drei Kinder hatten haben wollen.

Toms Eltern waren unerschütterlich und sorgten wie viele in ihrer Generation dafür, dass die ganze Familie sonntags zur Messe ging. Sie taten das nicht nur so; es gehörte für eine klassische irische katholische Familie einfach dazu.

So viel Ärger Tom den armen Nonnen auch bereitete und so sehr er auch über die langweiligen Gottesdienste gejammert hatte – wenn man Tom heute darauf anspricht, weiß er, dass die Saat des Evangeliums durch die Beharrlichkeit und Hingabe seiner Eltern an ihren Glauben in sein Herz gelegt wurde.

Doch nicht nur die Kirche war ihnen wichtig. Die Hamiltons waren eine sportliche Familie und das Meer war ein großer Teil ihres Lebens. Sie waren alle starke Schwimmer, auch Toms Mutter. Seine Eltern lernten sich sogar in einem Schwimmbecken auf einem Ozeandampfer mit Kurs auf Irland kennen. Beide waren Collegestudenten und bereits mit anderen verlobt, doch sie verliebten sich auf dem Atlantik mit Haut und Haaren ineinander. Toms Bruder Mike erhielt ein Schwimmstipendium und wurde Lehrer an der *Atlantic City High School*. Er wurde an der Schule auch Schwimmtrainer, und bis zu seinem Ruhestand war er jeden Sommer Strandwächter.

Wie sein Bruder war Tom an der High School auch ein guter Schwimmer, doch nur das Surfen betrieb er mit Herz und Seele. Genau hier, wo die *Ocean City High School* steht, in einiger Entfernung zu der überfüllten Uferpromenade, kamen saubere Wellen, auf denen sich gut surfen ließ, über den Atlantik gerast und kräuselten sich die Sandbank neben dem Music Pier entlang. Wollte man surfen, brauchte man die richtige Ausrüstung, um das Wellenreiten zu genießen.

Mit jugendlicher Entschlossenheit nahm Toms bester Freund Monk ein Surfbrett in die Hände. Die Surfbretter der 1960er – mit Spitznamen „Tanker" – waren klotzige, übergroße Bretter und wogen fast so viel wie ein typischer 13-Jähriger. Das Brett war zu schwer, um es allein zu tragen.

Die Wellen am Ende der Uferpromenade lockten, aber Monk konnte auf gar keinen Fall das Brett zum Strand hinunter tragen. Es hätte genauso gut am anderen Ende des Landes sein können. Also ließen sich die beiden Jungen etwas einfallen. Sie teilten sich das Brett und trugen es gemeinsam zum Strand und wieder zurück.

Den ganzen Sommer lang sah man die beiden das riesige Brett – Tom an der Nase, Monk hinten – durch die Stadt schleppen. Sie lernten das Surfen in Schichten und wechselten sich auf dem Brett ab, das sie gemeinsam trugen. Tom hatte noch eine Hürde zu überwinden, wollte er sein Surfen verbessern. Er war (und ist) sehr kurzsichtig – und zwar so sehr, dass er eine dicke Brille mit schwarzem Gestell trug, was im Salzwasser und in den sich brechenden Wellen nicht gut ankommt. Ohne Brille war er im Wasser verloren und orientierungslos. Tom konnte die Wellen nicht kommen sehen, bis sie genau über ihm waren.

Also lernte Tom, sich darauf zu verlassen, wie sich das ansteigende Wasser anfühlt und die Bewegung anderer Surfer um ihn herum vorwegzunehmen. Er wusste, wenn alle anderen plötzlich auf den Horizont zupaddelten, kam eine Gruppe von Wellen. Er lernte, mit einer instinktiv sensiblen Technik zu surfen.

Jahre später war Tom auf Hawaii berüchtigt für seine späten Takeoffs*. Berühmt war er auch für das Surfen an einem besonders grauenvollen Surfspot* – einem Reefbreak*, wo er vollkommen unbekümmert in die Wellen startete und erst in letzter Sekunde aufstand. Ich sagte dazu etwas in der Art, dass es doch verrückt sei, so spät zu starten, als suche er den Nervenkitzel. Wenn Surfer eine Gruppe von Wellen herannahen sehen, paddeln sie sehr eifrig, um schnell voranzukommen und in die Welle zu starten. Ist es zu spät zum Hineinstarten, kann man übel vom Brett gefegt werden, vor allem wenn die Wellen recht groß sind. Tom gestand mir, dass sein Draufgängertum von seinem schlechten Sehvermögen kam. Er konnte nie richtig sehen, wie spät er sich aufrichtete; also vervollkommnete er seine Instinkte und lernte, quasi blind in die größten, schaurigsten Wellen zu starten. Erstaunlicherweise schaffte er meist den Start.

Ocean City, New Jersey, war im Sommer 1963 der Wendepunkt für Tom. Er und Monk tauchten in die kleine Surferwelt New Jerseys ein. Mit dem Labor Day – den ersten Montag im September – machte die Strandpromenade nach dem Sommer dicht. Die Geschäfte, die vielen Lokale, die Rummelplätze entlang der Promenade, die Minigolfanlagen – sie alle schlossen über Winter, und die Shoe-Bees (ein salopper Ausdruck für die Sommergäste, die ihr Essen in Schuhkartons mitbrachten) krochen am Ende der sommerlichen Blechlawine wieder heim. Als die Schule wieder losging, beherrschten Tom und Monk das Surfen schon ziemlich gut und waren völlig süchtig danach.

Als der Winter bereits in der Luft lag, surften die Jungen nach der Schule und an Wochenenden, wohl wissend, dass ihnen die Zeit davonlief, bevor der erste Schnee des Winters fiel. Sie waren draußen, sobald der erste Tagesschimmer die Wellen sichtbar machte, bis die untergehende Sonne in der Dunkelheit verschwunden war. Keiner der beiden hatte einen Neoprenanzug; wenn das Wetter umschlug, wurde es daher schließlich zu kalt zum Surfen. Zögernd betteten sie das Surfbrett zum Winterschlaf in den Dachsparren der Garage.

Wahrscheinlich kam es ihnen vor wie der längste Winter aller Zeiten, bis es im neuen Jahr anfing, zu tauen und es warm genug wurde, um wieder ins Wasser zu gehen. Toms Vater kaufte ihm zum Geburtstag sein erstes Surfbrett. Er erstand es im Eisen- und Haushaltswarenladen, und im Gegensatz zu dem hawaiischen Namen und dem modernen Aussehen war es ein maschinell hergestelltes Board – billig in Serie produziert. Tom machte das nichts aus – es war seins!

Toms Vater gab später einmal zu, er bedauere fast, ihm je dieses Brett geschenkt zu haben. „Das war der Augenblick, in dem ich dich verloren habe", sagte er. Von dem Augenblick an wurde das Surfen – nicht Familie, Schule oder Kirche – zur treibenden Kraft in Toms Leben.

Jener erste Sommer verging wie im Flug mit Surfen, Surfen und noch mehr Surfen. Tom und Monk lernten beide rasch, die Bojen zu checken und die Wetterberichte nach Swells* zu durchkämmen, die von Orkanen und Tropenstürmen ausgelöst wurden, die über den Atlantik zogen. Doch auch ohne diese größeren, schnelleren Wellen, die diese Stürme hervorbrachten, hatten die wandernden Sandbänke entlang der Küste reichlich gute Wellen, die Spaß machten, zu bieten. Als sich die warmen Tage dem Ende neigten, wussten die Jungen, sie mussten eine Möglichkeit finden, rund ums Jahr zu surfen.

Wir sprechen hier immer noch von New Jersey ... im Winter. Tom erzählt unseren Kindern, die verwöhnt sind von der ganzjährigen Wärme der Tropen, wilde Geschichten, wie er mit Eiszapfen an den Haaren und Augenbrauen aus dem Meer stieg und seine Finger so taub waren, dass er Fremde bitten musste, für ihn den Autoschlüssel ins Schloss zu stecken.

Natürlich können unsere Kinder damit überhaupt nichts anfangen.

Irgendwie schnorrten Tom und Monk sich genug Geld für Neoprenanzüge zusammen. Es waren nicht die schönen, weichelastischen wie die in den Geschäften heutzutage; damals in den Sechzigern waren diese Dinger plump, unförmig und teuer. Sie waren fürs Tauchen gemacht, nicht fürs Surfen, und waren mehr als unbequem.

Tom und Monk mussten ihre Achseln mit Vaseline einschmieren, um sich beim Paddeln mit dem unbiegsamen Neopren nicht die Haut aufzuscheuern. Dann die ganze Knöpferei, das Zerren und Ziehen an dem Ungetüm, und dazu noch ein lächerlich wirkender Biberschwanz, der verhindern sollte, dass das eiskalte Wasser oben in die Jacke floss. Zum krönenden Abschluss noch die Schuhe, Handschuhe und eine Kapuze, mit der man kaum den Kopf drehen konnte. Es kostete sie viel Mühe, die Winterwellen zu genießen.

Da die Geschäfte entlang der Promenade bis zum Frühjahr geschlossen hatten und die Fahrgeschäfte eingestellt waren, muss der Anblick der beiden Jungen, die mit diesen Seehundanzügen durch den Schnee watschelten und ihre Surfbretter auf dem Kopf balancierten, für die wenigen Ortsansässigen von Ocean City ein absonderlicher Anblick gewesen sein. Mit steifen Bewegungen wegen der Neoprenanzüge und durchgefroren bis auf die Knochen surften die Jungen im frostigen Wasser, bis sie es nicht mehr aushielten.

Doch das war es wert! Waren die Strände und Wellen im Sommer überbevölkert, so schrumpfte die surfende Bevölkerung von Ocean City im Winter drastisch. Nur wenige Dutzend Surfer gehörten zu dem harten Kern, der das ganze Jahr über unter diesen abenteuerlichen Bedingungen surfte. Kaum schickte der Frühling seine Vorboten, feierten diese wagemutigen Surfer seine Rückkehr und ihr Überleben mit einem Polarbär-Surfwettkampf.

Wenn es nur flache Wellen gab, verbummelte Tom – wie alle jungen Surfer – viel Zeit im Surfshop der Stadt. Schließlich fragte ihn George, der Inhaber, ob er einen Job wolle. Da er darüber nachdachte, wie er es sich leisten könne, sein angeschlagenes, altes maschinell gefertigtes Brett gegen ein eigenes, maßgefertigtes einzutauschen, nahm Tom das Angebot an. Er lernte schnell und bald schon brachte George ihm die Kunst des Reparierens von Surfbrettern bei.

Bei den Menschenmassen im Sommer blieb es nicht aus, dass Surfer mit ihren Brettern gegeneinander krachten, oder an den Pier, oder auch gegen einen eigensinnigen Touristen, der zu weit herausschwamm. Dann gab es all die Typen, die mit zu geringer Sorgfalt ihr Brett auf den Dachträgern ihres Autos befestigten. Fuß aufs Gaspedal und – *schwupp!* – fliegt das Brett davon. Ob man jetzt zum harten Kern gehörte oder sich am Wochenende vergnügte, irgendwann bekam jedes Surfbrett seine Dellen.

Bald schon, als das Geschäft brummte, war das Reparieren von Surfbrettern Toms einzige Arbeit im Laden.

Da er gut angeleitet worden war, konnte Tom die Arbeit rasch erledigen und hatte noch genügend Zeit zum Surfen. Und da er nun einen Job hatte, konnte er sich schließlich sein eigenes maßgefertigtes Surfbrett kaufen. Selbst heute noch, wenn er mit Bethany im professionellen Surfzirkus unterwegs ist, ist es für Tom nichts Ungewöhnliches, dass sich sein Hotelzimmer in eine Reparaturwerkstatt voller zu bearbeitender Bretter verwandelt.

Wenn Tom und seine Surfkumpel nicht surften, wälzten sie stundenlang Surferzeitschriften mit glasklaren blauen Wellen, die über den kultigen Surfern von damals emporragten. Diese Wellen ähnelten nicht im geringsten denen vor den Stränden von New Jersey, nicht einmal an den großen Tagen, als heftige Stürme im Nördlichen Polarkreis perfekte eisige Röhren hervorbrachten, die die Surfer lockten, den verschneiten Sand zu überqueren, kurz ins Barrel* einzutauchen und mit Kältekopfschmerzen wieder heraus zu surfen.

Nein, die Wellen in den Zeitschriften waren weit weg: Kalifornien, Hawaii, Mexiko. Tom träumte davon, in genau solche Wellen zu paddeln. Er bat seine Eltern wieder und wieder nur um eines: quer durchs Land zum Surfen nach Kalifornien zu reisen. Zum Schulabschluss im Sommer 1968 wurde Tom dieser Wunsch erfüllt. Er war 18 und zum ersten Mal in einem Flieger, doch dieser neue Nervenkitzel verblasste im Vergleich zu der Tatsache, dass er endlich im Pazifik surfen würde.

Tom, mein künftiger Ehemann, flog nach Kalifornien mit einem Surferparadies vor Augen, doch diese Vorstellungen verblassten im Vergleich zu dem tatsächlichen, wundervollen Südkalifornien.

Die Palmen, die kilometerlange Küste, die endlosen Wellen, die Mädchen ... er kam sich vor wie im Himmel. Wohin er sich auch drehte, überall war ein berühmter Surfspot*. Und dann die Wellen selber! Sie sahen nicht aus wie die bei ihm zu Hause.

Tom landete schließlich in Hermosa Beach, Kalifornien, im Gebiet des South Bay im Los-Angeles-Becken. Ein paar wunderbare Wochen streifte er den Pacific Coast

Highway entlang, von Surfspot* zu Surfspot*, von Sonnenauf- bis Sonnenuntergang. Dann flog Tom braun gebrannt, gesättigt, und doch schon von seiner nächsten Reise träumend, nach New Jersey zurück.

In seinem Briefkasten erwartete ihn eine Überraschung, die sein Leben für immer verändern sollte.

Sein Einberufungsbescheid.

# Ticket nach Vietnam

*Verlass dich auf den Herrn von ganzem Herzen, und verlass dich nicht auf deinen Verstand, sondern gedenke an ihn in allen deinen Wegen, so wird er dich recht führen.*
SPRÜCHE 3,5-6 (LÜ)

Als Lee Harvey Oswald an jenem verhängnisvollen Tag im November 1963 in Dallas, Texas, abdrückte, erbte Vizepräsident Lyndon B. Johnson das Oval Office und einen Krieg. Der Konflikt, aus dem der Vietnamkrieg wurde, hatte sich seit dem Zweiten Weltkrieg zusammengebraut. Als John F. Kennedy ermordet wurde, eskalierte er sehr rasch.

Für die meisten Amerikaner waren die Spannungen in Südostasien ein fernes Ärgernis, das gegenüber den Geschehnissen auf Kuba und dem Wettrüsten mit Russland auf den hinteren Rängen ablief. Doch was wie ein sanft köchelnder Polizeieinsatz wirkte, heizte sich unter Johnson auf, während immer mehr Amerikaner nach Übersee geschickt wurden und immer mehr in flaggenumwickelten Kisten heimkehrten. Mehr als jeder andere Krieg seit dem amerikanischen Bürgerkrieg entzweite

Vietnam die Nation. Die Politik, die Proteste … der Stoff, zu dem vorangegangene Generationen das Land so fest gewoben hatten, riffelte sich plötzlich auf.

1968 war das Land in Aufruhr wegen der Politik, die den Krieg hervorbrachte, wegen des Sinns des Krieges und seiner Kosten, und das Misstrauen in die Regierung wurde immer tiefer. Damals schien jeder unter 30 in irgendeinen Krawall verwickelt zu sein, manchmal auch in gewalttätige Ausschreitungen gegen alles, was er als „das Establishment" betrachtete.

Es war eine Zeit der Gegenkultur und widerstreitender Ideologien. Die Menschen hinterfragten, was es bedeutete, Patriot zu sein; sie hinterfragten den Sinn Amerikas. Ich war in der sechsten Klasse, als es eines Tages bei uns daheim klingelte und ich zur Tür ging. Da standen zwei Männer in Schwarz, sogar mit den typischen Sonnenbrillen der Regierungsbehörden. Die Männer wiesen sich mit ihren FBI-Marken aus und baten, meinen Vater sehen zu dürfen. Er unterrichtete amerikanische Geschichte und war an diesem Tag bereits zu Hause. Die Agenten wiesen ihn darauf hin, er dürfe seinen Studenten nichts Negatives über Amerikas Engagement in Vietnam erzählen.

Tom war sich, wie er mir immer wieder sagte, all dessen nicht bewusst. Seine Welt war das Surfen – eine Welt fernab von Politik, Protesten, Kriegen und all ihren Schrecken. Vielleicht war er ungewöhnlich für einen jungen Mann seiner Generation, doch Tom dachte, redete und träumte nur vom Surfen.

Daher zog er voller Furcht den länglichen, offiziell wirkenden Brief aus seinem Briefkasten. Das Wort „Einberufung" über dem Bescheid, wonach er sich bei der US-Einberufungsbehörde in Philadelphia zur Tauglichkeitsprüfung einzufinden hätte, ließ die weite Welt schlagartig auf ihn einstürmen.

Toms Freunde meinten, er solle sich keine Sorgen machen; die Militärärzte würden ihn sehr wahrscheinlich ausmustern. Er hatte nicht nur schlechte Augen, Plattfüße und einen Hammerzeh (wodurch das Tragen von Armeestiefeln und das Wandern über weite Strecken unmöglich wurde), sondern wie viele andere Surfer damals hatte er auch „Surfer's Knots" an Knien und Füßen. Das waren große, hervorstehende Kalkablagerungen durch das übermäßige Knien auf einer harten Unterlage. (Selbst der Apostel Jakobus hatte von der Frühkirche den Spitznamen „alte Kamelknie" erhalten, weil er so viel Zeit beim Beten auf den Knien verbracht haben soll!)

Bevor es die Shortboards* gab, sind die Surfer auf den Knien gepaddelt und haben die Füße unter sich gezogen. Die Surfer von heute liegen lang auf dem Bauch, weil man auf den kleinen Brettern nicht gut im Knien paddeln kann. Damals waren die Knoten für Insider das Zeichen für die Hingabe ans Surfen. Und sie waren normalerweise gleichzeitig das Ticket aus dem Militärdienst hinaus.

Die meisten Militärärzte hatten noch nie einen Surferknoten gesehen und daher wurde der erste Schwung Surfer, der zur Musterung kam, als untauglich abgestempelt. Natürlich gefiel den meisten Surfern, dass sie abgelehnt wurden, und auf jeden Fall posaunten sie nicht hinaus, dass dieses geheimnisvolle Leiden, das einen ansonsten fitten und sportlich wirkenden Mann befallen hatte, nach ein paar Monaten ohne Surfbrett wieder ganz harmlos verschwinden würde.

Ermutigt von diesen Beteuerungen, er werde schon ausgemustert werden, wartete Tom auf den Tag seiner Musterung und fuhr die gut 110 Kilometer nach Philadelphia. In der Einberufungsbehörde drängten sich Kerle wie er zwischen 18 und 20. Tom füllte einige Formulare aus und wurde in einen Raum geführt, wo er einen mehrseitigen Testbogen ausfüllen sollte, der mit so einfachen Aufgaben begann wie, eine Linie von der Abbildung eines Schraubenziehers zu dem dazu passenden Gegenstand zu ziehen: Mutter, Nagel oder Schraube.

Natürlich beantworteten ganze Scharen von Typen jede Frage absichtlich falsch, wodurch sie sich einen Platz in der Infanterie sicherten. Tom beantwortete die Fragen aufrichtig und vertraute auf seine Knie, Füße und schlechten Augen. Nach dem Test wurde Tom in einen Umkleideraum geleitet, wo er alles bis auf die Unterhosen ausziehen und verstauen musste. Mit seinen Formularen in der Hand wurde er aufgefordert, entlang einem weißen Streifen zur Tauglichkeitsprüfung zu gehen. Tom sah auf seine knotigen Knie und platten Füße hinab und trottete klaglos voran.

Was er jedoch nicht wusste, war, wie groß der Appetit des Militärs auf neue Truppen geworden war und dass die akzeptablen körperlichen Standards rasch sanken. Tom bestand die Tauglichkeitsprüfung mit Bravour und bekam mitgeteilt, ihm blieben noch drei Monate Freiheit, bevor er ganz und unwiderruflich zu den Streitkräften der Vereinigten Staaten gehörte.

Von da an verfolgte Tom aufmerksam den Krieg, in den sein Land verwickelt war. Als seine Zeit in der Außenwelt dahinschwand, bekam er Angst davor, als Frontsoldat im Dschungel bis zum Hals im Schlamm zu kriechen – und dabei Landminen, Scharfschützen, Sprengfallen auszuweichen, in Schützenlöchern zu liegen, sich Malaria einzufangen. Was auch immer – er wusste, er wollte nicht mittendrin stecken.

Es stellte sich heraus, dass Toms Schwimmcoach Befehlshaber der Marinereservisten war. Er nutzte freundlicherweise seine Verbindungen, damit Tom zur Navy kam. Das ist ein Beispiel dafür, welche Rolle „Vitamin B" an Wendepunkten des Lebens spielt.

Als seine drei Monate abliefen, trat er im Ausbildungslager der Lakehurst Naval Air Station in New Jersey an – oh weh, das war ein böses Erwachen.

Das Leben eines Surfers hat seine eigenen Reglementierungen, seine eigene Disziplin und Ausdauer. Doch das militärische Reglement, die Disziplin und die Ausdauertests sind meilenweit entfernt von den selbst gesteckten Zielen eines eingefleischten Surfers. Von Ausbildungsunteroffizieren angebrüllt zu werden, mit allen möglichen und unmöglichen Schimpfwörtern bedacht zu werden, gezwungen zu werden zu marschieren, stillzustehen, aufzuwachen, zu essen, Löcher zu graben, Löcher aufzufüllen, zu jeder Zeit, augenscheinlich ohne Hand und Fuß – an all das musste sich Tom ziemlich gewöhnen. Er lacht noch immer darüber, dass er der „Leitwolf" bei den Straf-Liegestützen war.

Das Ausbildungslager spie ihn aus und bald darauf musste er an der Waffe dienen. Nur vier Monate nach seinem kalifornischen Traum vom Surfen war Tom erneut auf dem Weg nach Kalifornien, zur North Island Naval Station in San Diego, wo er dem Zerstörer der US-Marine *USS Hanson* zugeteilt wurde.

Da er gut Schreibmaschine schrieb, wurde Tom schließlich mit dem Postdienst des Schiffes betraut – was in Zeiten vor den elektronischen Medien eine besonders beneidenswerte Tätigkeit war, denn ein Brief oder Päckchen von daheim war die einzige Art, wie Verwandte und Freunde mit ihren Lieben auf See in Verbindung bleiben konnten. Der Poststellenleiter war bei der Mannschaft beliebt, und zwar so sehr, dass Tom manchmal kleine Geschenke von glücklichen Seeleuten aus den Päckchen, die er austeilte, bekam – selbst gebackene Plätzchen, Trockenobst und allerhand mehr.

Der Mann von der Poststelle wurde zwar von einem Großteil der Mannschaft wie ein guter Kumpel behandelt, doch gab es einen kleinlichen Offizier, der sich daran stieß, dass Tom, ein junger Mann, der noch ganz grün hinter den Ohren war, so einen einfachen Dienst erwischt hatte. Er ergriff jede Gelegenheit, Tom zu schikanieren, bis sich die Lage eines Tages zuspitzte. Die beiden Männer standen sich in einem „Smoker" gegenüber – einem von offizieller Seite genehmigten Boxkampf, in dem die eingetragenen Männer ihre Probleme miteinander durch rohe Gewalt beilegen konnten.

Der Offizier war schwerer und erfahrener als Tom, doch Toms Vater war ein echter kämpfender Ire gewesen, der in seiner Jugend manche Runde gekämpft hatte und mit 12 Jahren Juniorenmeister geworden war. Er hatte seinem Sohn ein paar Kampftipps weitergegeben, und nach jahrelangem Surfen war Tom besser in Form. Er schlug den anderen schließlich k. o. und beendete den Kampf. Doch das machte alles nur noch schlimmer. Da das Ego des Offiziers angekratzt war, brannte sein Groll nur noch heftiger.

Tom erkannte, dass es eine bessere Möglichkeit gab, zurückzuschlagen und da direktes Handeln nichts gebracht hatte, wollte er diesmal etwas ausprobieren, das nicht konfrontativ war, aber effektiv. Jedes Mal, wenn Tom die Post sortieren musste, versteckte er heimlich alles, was für den missgünstigen Offizier bestimmt war, im Safe des Schiffes – zu dem nur er und der Kapitän Zugang hatten.

Immer, wenn die Post verteilt wurde, sah der Offizier zu, wie alle anderen Briefe und Päckchen erhielten, während er leer ausging. Der Offizier konnte das nicht verstehen; seine Frau schrieb ihm regelmäßig und nummerierte sogar die Briefe.

Tom merkte, wie sich Misstrauen und Frust aufbauten. Der Typ wusste, dass da etwas im Busch war, konnte aber nichts beweisen. Vier Postverteilungen später händigte Tom dem Offizier ein riesiges Päckchen nummerierter und mit Gummibändern umwickelter Briefe aus. Tom drohte weder noch brüstete er sich damit, doch von da an endete die Schikane.

Eine Zeit lang patrouillierten Tom und die *USS Hanson* einsatzbereit vor der kalifornischen Küste. Die Besatzung wurde mit niederen Diensten wie Schleifen, Streichen und Schrubben beschäftigt. Während der Vietnamkrieg weiter wütete und die Nation darüber gespalten wurde, sah es so aus, als müssten sie nicht auslaufen. Aber dann hatten sie plötzlich nur noch drei Tage bis sie aufbrechen mussten zum Golf von Tonkin, in den Krieg.

Doch in Toms Innern war der Krieg noch immer weit entfernt. Er genoss es, auf dem offenen Meer zu sein und entkam oft dem Anblick, den Geräuschen und Gerüchen seekranker Besatzungsmitglieder, indem er auf die Brücke stieg, an der frischen Luft stand und beobachtete, wie die Wellen bei Sturm über dem Bug zusammenschlugen.

Aus Liebe zum Meer blieb er oben stehen, auch wenn er dabei völlig durchnässt wurde. Und der tiefe, wogende, von der Küste weit entfernte Pazifik war Manna für seine Seele. Er betrachtete die endlose blaue Weite und dachte an perfekte Wellen an irgendeiner verborgenen Küste.

Tom hatte die Surfer an Bord der *Hanson* anhand der Surfer-Zeitschriften, die per Post kamen, bereits ausgemacht. Einer davon war ein junger Bodyboarder* namens Rob aus Oahu. Rob erzählte dauernd von den brutalen Shorebreaks* von Makapu'u, oder davon, dass die Wellen vor Hawaii besser waren als sonst wo.

„Du solltest mal *echte* Wellen surfen!", veralberte er Tom, „nicht diese winzigen Babywellen von Kalifornien oder der Ostküste." Davon fühlte Tom sich nicht angestachelt, die Wellen daheim zu verteidigen, sondern ihm kamen die Bilder in den Sinn, die auf jeder zweiten Seite in den Surferzeitschriften Hawaii als das Mekka der Surfer abbildeten, als tropisches Fest durchgehender perfekter Wellen.

Sie können sich leicht vorstellen, wie Tom sich freute, dass der erste Hafen, den sie anlaufen würden, Pearl Harbor war. Endlich hatte er es nach Hawaii geschafft, wobei er sich nicht ausgemalt hatte, es mit einem Zerstörer der Marine anzulaufen. Tom konnte es nicht erwarten, vom Schiff zu kommen. Es war nur ein kurzes Anlegen, doch Tom und ein paar andere schafften es, in Waikiki zu surfen. Es war Toms erste Erfahrung mit den warmen Wellen von Hawaii.

„Stell dir vor, wenn du nach Hawaii ziehen würdest, müsstest du nie wieder einen Neoprenanzug tragen!", grinste Rob.

Er hatte keine Ahnung, wie reizvoll Tom das fand.

Doch der Tag neigte sich dem Ende und sie mussten wieder an Bord des Schiffes antreten. Am Morgen verließen sie den fünfzigsten US-Staat und fuhren dem Krieg entgegen.

Sie liefen noch mehrere andere Häfen an. Tom war zwar, im Gegensatz zu vielen anderen Männern auf dem Schiff, noch nie außer Landes gewesen, doch war er nicht besonders angetan von den Nachtlokalen, verrauchten Bars und den Gassen voller Trickbetrüger, die aggressiv jeden Seemann anzurempeln versuchten. Besonders in Erinnerung blieb ihm Subic Bay auf den Philippinen, das gleichermaßen Mitleid wie Abscheu hervorrief, weil die Menschen die Seeleute so verzweifelt belästigten – und ihnen alles anboten, auch sich selbst, für Geld oder Zigaretten oder Schmuck.

Ganz zu schweigen davon, dass das Lazarett, wie Tom sich erinnert, immer voll war nach den berüchtigten Häfen.

Von Subic Bay aus eskortierte Toms Schiff den Flugzeugträger *Kitty Hawk* nach Vietnam, wo sie anderthalb Kilometer vor der Küste vor Anker gingen und den Marineinfanteristen und Bodentruppen Schützenhilfe leisteten.

Zuerst war die Detonation der riesigen Waffen, die Sprenggeschosse tief in den Dschungel spien, berauschend, doch als Tom begann, die Berichte über die Zielgenauigkeit mitzuhören, war er auf eine Art mit dem Krieg konfrontiert, die Konflikte und Verstörung auslöste. Über Kopfhörer vernahm er die Berichte von Artilleriebeobachtern, dass die Geschosse abgewichen waren und in einem „befreundeten" Dorf auftrafen. Tom saß ganz still da und versuchte, sich nicht all die unschuldigen Männer, Frauen und Kinder vorzustellen, deren Leben von den Waffen seines Schiffes ausgelöscht worden war. Er versuchte, sie als Kollateralschaden abzutun, genau wie der Typ im Funk, doch es verfolgte ihn.

Noch immer hatte er einen beneidenswerten Dienst, meilenweit vor der Küste, weit weg von den brutalen Bedingungen im Feld, von anhaltender Gewalt und Kriegsschrecken. Manchmal musste er per Hubschrauber zur nahe gelegenen Basis, reine Routine, um Postsäcke zu und von dem Schiff zu befördern. Doch insgesamt war sein Kriegseinsatz angenehm. Was im feuchten Dschungel passierte, konnte ihm nichts anhaben.

Toms lässiges Sicherheitsgefühl fand ein Ende bei einem Routineflug über einem dichten Regenwald, der frei von Feinden sein sollte.

Der Vietnamkrieg war bei Tom angekommen.

Bis heute redet Tom nicht darüber. Daher lasse ich die Geschehnisse im Dunkeln. Vielleicht ist er eines Tages bereit, darüber zu reden, vielleicht aber auch nicht. Ich kann respektieren, dass er die Ereignisse nicht wiederaufleben lassen will.

Ich glaube jedoch, dass dieser Schock, dieses „Das passiert mir jetzt doch nicht wirklich!" an jenem Tag in Vietnam eine Art Vorbereitung war, vielleicht eine Generalprobe für das Einstürzen unseres eigenen Nestes, in dem wir uns in Sicherheit wähnten, als wir erfuhren, dass unsere Tochter Bethany von dem zweitgefährlichsten Hai der Welt übel zugerichtet worden war.

Für Vietnam konnte man Politikern und Revolutionären die Schuld geben. In Bethanys Fall, als Tom mit der ganz realen Möglichkeit rang, seine Tochter zu verlieren, gab es offenbar nur einen, dem man die Schuld zuschieben konnte ... Gott.

# Bestimmung

*„Was die Zeit auch bringen mag,*
*es liegt in deiner Hand.“*
PSALM 31,16 (HFA)

Mein Vater wurde in Denver, Colorado, geboren und lebte ausgesprochen aktiv und abenteuerlustig. Die Videos, die meine Mutter in ihren ersten Ehejahren aufgenommen hatte, könnte ich mir anschauen bis zum Gehtnichtmehr.

An der High School war er ein hervorragender Sportler und brachte es in den meisten Sportarten sehr weit. Gezeigt werden seine Fähigkeiten in aufeinanderfolgenden Ausschnitten beim Skifahren, Turnen, Tennis, Turmspringen und Schwimmen – einschließlich Brustschwimmen, Schmetterlingsstil und Kraulen. Man sieht ihn beim Reiten, Eislaufen, Langlaufen und vielem mehr.

Nach der High School ging er zu den Marines – der Marineinfanterie – und wurde in ihre Football-Mannschaft aufgenommen. Sein Team gewann zwei Jahre hintereinander die United States Football Championship gegen die Army! Nach seinem Militärdienst durfte er – im

Rahmen des G.I. Bill (Veteranenstipendiums) – in Denver am College studieren. Er studierte und arbeitete hart, um sich durchzubringen, und lebte mehr schlecht als recht von Erdnussbutter und Kräckern.

In seinem letzten Jahr am College gab es ein Vierertreffen, bei dem meine Eltern dabei, aber noch kein Paar waren. Meine Mama fühlte sich sofort von ihm angezogen und machte kurz darauf eine Verabredung mit ihm aus, worauf die Hochzeit und die Geburt meiner älteren Schwester Debbie folgte. Nach vier Jahren Studium in Denver machte mein Vater seinen Abschluss und bekam seine erste Stelle als Lehrer im nahe gelegenen Bergstädtchen Glenwood Springs. Papa und Mama packten meine einjährige Schwester Debbie und Oma Julia und zogen in ihr neues Zuhause.

Glenwood Springs war nicht nur mein Geburtsort, sondern auch der Ort, an dem ich meine Liebe zum Wasser entdeckte. In Glenwood sprudeln heiße vulkanische Mineralquellen und füllen ein Schwimmbecken, das 1953 das größte der Welt war.

Dieser Pool der Spitzenklasse war das erste Trainingsbecken für zwei künftige Surferinnen. Der Pool hat das ganze Jahr geöffnet, selbst im tiefsten Winter, wenn man seine erschöpften Muskeln und schmerzenden Knochen in dieses natürlich heiße, heilende Wasser eintauchen kann, unter glitzerndem Schneefall oder in sternklarer Sommernacht.

An seiner ersten Stelle unterrichtete mein Vater Geschichte und trainierte die Ringkämpfer. Das bedeutete, an den Wochenenden zu verschiedenen High School Wettkämpfen zu reisen. Eines späten Abends, als mein Vater unterwegs war zu einem Wettkampf, setzten bei meiner Mutter die Wehen ein. Da sie kein Auto hatte, ließ sie meine schlafende Schwester in der Wiege zurück und ging, begleitet von Oma Julia, bei Schneefall über die vereisten Wege zu dem kleinen Krankenhaus. Um 4 Uhr früh am Valentinstag 1953 kam ich zur Welt, bereit für eine große Liebe zum Wasser und das Training zu einem Leben am Meer.

Meine Eltern waren wahrscheinlich die regelmäßigsten Schwimmer in den heißen Quellen. Wir haben Fotos, auf denen meine Schwester und ich als Kleinkinder in den Pool springen. Es war bestimmt einfach, kleine Wasserratten zu werden, während das Land von meterhohem gefrierenden Schnee bedeckt war und das Wasser dagegen warm und wunderbar!

Nach zwei Jahren im verschneiten Glenwood Springs nahm mein Vater eine neue Stelle in der staubigen, trockenen Wüste Arizonas an, an der *Yuma High School*. Wir fanden ein Haus in einer familienfreundlichen Wohngegend mit vielen Wüstenviechern. Wir vermissten den Pool mit den heißen Quellen in den Bergen Colorados – da kam meiner Mama die rettende Idee. Sie ließ unseren paradiesischen Garten einzäunen, um die Klapperschlangen fernzuhalten, und dann gestaltete sie einen Wasserspielplatz, um uns abzukühlen. Wir wurden braun, weil wir in unserem Kinderbecken unter der sengenden Sonne Arizonas spielten.

Bald darauf kam Karin, meine jüngere Schwester. Als sie groß genug war, bekam sie die Aufgabe, uns mit dem Wasserschlauch abzuspritzen. Meine Mutter war voll damit beschäftigt, Windeln zu waschen, die bereits ganz trocken waren, während sie die letzten noch aufhängte. War das ein Unterschied zu den steifgefrorenen Windeln an der Leine in Glenwood Springs! Meine Mutter kümmerte sich großartig um uns. Sie nähte uns zu Ostern hübsche Kleidchen, meldete uns im Ballett an, machte uns Ringellocken und die besten Taquitos aller Zeiten! Mein Vater träumte jedoch von Kalifornien. Er arbeitete nach dem Unterricht noch als Autoverkäufer, um Geld sparen zu können, mit dem er San Diego auskundschaften wollte.

In den Sommerferien beluden wir unseren Kombi und campten an so ziemlich jedem Strand Kaliforniens. Wir klapperten die gesamte Küste ab, was meinen Vater noch entschlossener machte, nach San Diego zu ziehen. Er liebte die Strände, den Zoo, den wunderschönen Hafen; und er stellte die Weichen, um schließlich in diese traumhaft schöne Stadt mit den vielen Stränden ziehen zu können. Kurz darauf erregte sein Erfolg als Trainer der Ringer an der Yuma High die Aufmerksamkeit eines Football-Coaches von der San Diego High. Ich sprach ihn einmal auf seine beiden Nationalmeisterschafts-Siege in Yuma an. Er erwiderte, das wahre Geheimnis seines Erfolgs sei das überragende Talent seines Teams gewesen, das größtenteils aus Navaho-Ureinwohnern bestanden hatte.

Endlich wurde unsere Bestimmung eines Lebens am Meer zur Realität. Wir beluden unseren Ford Fairlane Kombi und zogen nach San Diego. Sie haben vielleicht den Eindruck, meine Eltern wären gerne umgezogen. Doch als wir in San Diego, Kalifornien, angekommen waren, blieb es dabei.

Genau wie Tom lebte meine Familie schließlich in Strandnähe. Doch kaum etwas liegt weiter weg von den Stränden New Jerseys als das sonnige Südkalifornien, wo ich aufwuchs. Als ich eingeschult wurde, steckte ich so richtig mitten in einer Kindheit der 50er Jahre – Barbiepuppen, Rollschuhe (damals hatten sie noch Rollen aus Metall) und Filmmatineen am Samstag mit bunten Bonbons, Karamell-Dragees und klebrigen Fußböden.

Wenn wir in den Nachrichten sehen, welche Gefahren heutzutage auf die Kinder lauern, kann man sich kaum noch vorstellen, dass die einzige Regel damals die war, wieder daheim zu sein, wenn die Straßenlaternen angingen.

Als Kinder erhielten wir nur eine sehr eingeschränkte geistliche Erziehung. Meine Mutter nahm uns an Weihnachten und Ostern mit in die Kirche – wie die meisten Leute. Da wir gerade erst nach San Diego gezogen waren und noch keine Freunde hatten, fanden wir es toll, in der Sonntagsschule andere Kinder kennenzulernen. Wir gingen in eine Kirche in unserer Nähe, vermutlich um unsere hübschen selbst geschneiderten Taftkleidchen und die weißen Handschuhe auszuführen. Erst als ich eines Sonntags im Vorübergehen eine Rose pflückte, die über den Zaun eines Hauses auf dem Weg zur Kirche wuchs, lief plötzlich alles schief.

Er muss geistig verwirrt gewesen sein, denn irgend so ein älterer Mann kam aus dem Haus gestürmt und beschimpfte uns lauthals. Über seinem Kopf schwang er ein glänzendes Fleischermesser. Wir warteten nicht ab, ob er es benutzen würde, doch wegen dieser beängstigenden Erfahrung blieben wir fortan sonntags zu Hause, und das hemmte meine geistliche Erziehung. Gelegentlich brachten uns unsere Eltern zu einer Gemeinde am Strand, die eine Ferienbibelschule durchführte, damit sie ein paar Stunden am Strand ohne uns verbringen konnten.

Als wir alle eingeschult waren, ging meine Mama zur Abendschule, um ihr Studium abzuschließen und ihre Lehrbefähigung zu erlangen. So konnten meine Eltern schließlich gemeinsam Ferien mit der Familie machen. Ich erinnere mich auch, dass sie uns als Versuchskaninchen benutzten für alle möglichen Bildungs- und Intelligenztests, mit denen ihre Schulen experimentierten.

Sie dürfen jetzt aber bitte nicht denken, ich wäre ein zerbrechliches Porzellanpüppchen gewesen. Wir bekamen Musikunterricht (Klavier, und im Schulorchester habe ich sogar Geige gespielt) und wir verkleideten uns, das schon; doch mein Vater ließ uns im Garten mit einem Handrasenmäher arbeiten und meine Schwestern und ich fuhren Fahrrad, spielten Kickball (eine Art Brennball), erkundeten Canyons und tollten auf einem halben Dutzend Strände umher. Das Surfen hatte ich noch nicht auf dem Schirm, aber ich kann mir bloß vorstellen, dass viele es als Modeerscheinung betrachteten, die wieder verschwinden würde. Erst war „Jacks" – ein Spiel mit einem Ball und Spielsteinen, die man hochwerfen und mit einer Hand auffangen musste – der totale Renner, wurde aber ohne ersichtlichen Grund abgelöst von Hüpfkästchen, dann Murmeln, dann einem Ballspiel namens „Foursquare".

Unsere gesamte Familie hielt sich gerne im Freien auf. Papa lud uns und das Zelt in unseren Kombi (dem Minivan von damals) und ganze Sommerferien lang zelteten wir entlang der Pazifikküste bis hinauf nach Oregon.

Mein Vater arbeitete hart und brauchte immer Beschäftigung. Er arbeitete nebenbei in einem Hotel und die Krönung war, dass er noch ans College ging, um seinen Master-Abschluss zu machen. Er dekorierte unseren Garten mit Fackeln und verwandelte unseren Vorgarten in ein Tropenparadies. Außerdem kaufte er heruntergekommene Häuser in Strandnähe, und an den Wochenenden brachten wir sie wieder in Schuss, um sie zu verkaufen. Dann konnten meine Schwestern und ich unsere Zelttuch-Luftmatratzen als Floß einsetzen und im Meer spielen.

Die Strände wurden für uns zum Spielplatz. Wir übten den ganzen Sommer lang Wellenreiten mit Plastik-Flößen und wurden immer geschickter darin. Bald wurde La Jolla Cove zum Lieblingsstrand meiner Eltern. Es war ein Schnorchel-Wunderland. Wir schwammen neben unserem Papa her und hielten unsere Speere einsatzbereit. Ich kann mich nicht erinnern, jemals selbst einen Fisch gefangen zu haben, denn ich konnte den Gedanken nicht ertragen, einen zu töten. Wir lernten, Ohrschnecken zu sammeln, und überließen die Hummer unserem Vater. Es tat mir weh, sie sterben zu sehen, wenn sie zur Zubereitung des Abendessens in kochendes Wasser geworfen wurden.

In Los Angeles waren „April entdeckt die Männer" und weitere „Beach-Movies" groß im Kommen. Unsere Cousinen aus dem kalifornischen West Covina verfolgten diese Surf-Welle ganz genau. Der Bruder meiner Mutter, ein Polizist in Los Angeles, hatte vier Töchter. Kathy, die älteste, hatte mit ihren süßen 16 Jahren beschlossen, sie wolle das Surfen ausprobieren. Sie stellte sich vor, sobald ihre Familie einen Besuch bei ihren von Wasser umgebenen Cousinen unten in San Diego plante, würde sie sich ins Surfabenteuer stürzen.

Meine Schwester Debbie und ich waren einverstanden, zwei Boards auszuleihen und es mit dem Surfen zu versuchen. Meine Mama brachte uns zum *Gordon and Smith Surf Shop* in Mission Beach, einem winzigen Lädchen, und wir mieteten zwei Bretter für je 50 Cent die

Stunde. Wir drei Mädchen, deren Fußsohlen auf dem Gehweg verbrannt wurden, trugen abwechselnd jeweils zu zweit das Brett den Mission Beach Drive entlang zu der ausgewiesenen Brandungszone. Somit blieben uns 20 Minuten zum Surfen, bevor wir die 20 Minuten zum Surfshop zurück mussten und damit die Stunde voll hatten.

Debbie und Kathy ritten ihre ersten Wellen, während ich vom Strand aus zuschaute. Dann war ich endlich an der Reihe. Ich ergriff das Brett und schob es genau mitten in den Brechungsbereich der Wellen. Ich wusste, mir blieb nicht viel Zeit, bis wir umkehren mussten, also begab ich mich einfach hinein und richtete mich auf einem Ankle Snapper* auf. Als ich am Strand ankam, bekam ich zu hören, dass wir zurück mussten, also schleppten wir die schweren Bretter schweigend wieder zurück, jede innerlich in unser aufregendes Abenteuer vertieft. Ich war total begeistert! Ich hatte zwar nur eine winzige Welle erwischt, aber selbst da wusste ich, dass ich genau das machen wollte. All meine anderen Lebensziele verschwanden: alle Zukunftspläne – Sportlehrerin zu werden, meine künstlerische Ader, alle anderen Sportarten. Ich konnte nur noch ans Surfen denken und daran, wie ich noch einmal aufs Wasser kommen könnte.

Debbie und ich legten unsere Ersparnisse zusammen und kauften ein gelbes *Gordon and Smith* Longboard* für 30 Dollar. Wenig später hatten wir beide je ein eigenes Brett und paddelten im Stadtteil Pacific Beach am Strand „Law Street" zum Lineup*. Wir lernten das Surfen durch „Versuch und Irrtum". Unser erster großer Irrtum war, das Surfen zu versuchen, nachdem wir uns mit Babyöl eingerieben hatten, was damals das Bräunungsmittel schlechthin war. Nach ein paar Tagen, an denen wir peinlicherweise dauernd vom Brett rutschten, ging uns endlich ein Licht auf! Wir wurden Teil einer kleinen Minderheit begeisterter Surferinnen in einer von Männern dominierten Welt.

Bald schon hatten Debbie und ich Knoten an den Knien und auf dem Fußrücken. Wir surften auf etwa drei Me-

ter langen, fünfzehn Kilo schweren Boards, die damals
den Spitznamen „Tanker" hatten. Das Gewicht der Bretter
war wohl der Hauptgrund, warum die meisten Mädchen
nicht mit dem Surfen anfingen. Zuerst trugen wir immer
ein Surfboard zu zweit ans Wasser, doch bald schon bestanden die männlichen Surfer von Law Street darauf,
uns beim Tragen zu helfen und die Bretter mit dem damals gängigen Paraffinwachs zu wachsen. Damals teilte
man sich immer das Wachs, denn es war billig!

Wir waren den ganzen Sommer über dauernd mit
derselben Gruppe zusammen. Die meisten waren hervorragende Surfer, die nur das Wellenreiten im Sinn hatten. Wir sahen immer Skip Fry und bewunderten seinen
Surfstil. Nicht jedes Mädchen kam damit zurecht. In den
späten 60ern waren die Surfbretter noch groß und
schwer. Fangleinen waren noch nicht einmal erfunden;
wenn es einen vom Brett fegte, musste man im kalten
Wasser lange schwimmen, bis man es wieder zurückhat-
te. Anzüge speziell fürs Surfen steckten noch in den Kin-
derschuhen und waren wenig effektiv. Die Bedingungen
waren zwar nichts im Vergleich zu denen von New Jersey, doch an einem Februarmorgen im Pazifik voller See-
tang konnte man sehr schnell blau anlaufen und ganz
taub werden. Nicht von ungefähr hielten die meisten das
Surfen für einen Sport nur für harte, kühne Männer. Das
hat man wohl vergessen, meiner Schwester und mir zu
erzählen. Aber auch dann wären wir jederzeit wieder hi-
nausgepaddelt.

Wir verbesserten unser Surfen ziemlich rasch, doch
Debbie war immer die Beste. Sie konnte in natürlich fließenden Bewegungen die Haltung ändern und anmutig
die größten Wellen im Set* ansteuern. Es machte uns
Spaß, auf den Knien hinauszupaddeln und uns aufzu-
richten, wenn wir über eine ungebrochene Welle kamen.
Ansonsten war es ganz schön Körperarbeit, mit einem
Push-up durch die Welle zu pflügen und dabei zu versuchen, über die brechende Brandung hinaus zu kommen.

In den 1960ern hatten wir noch keine Fangleinen –
also mussten wir immer aufpassen, kein umherfliegen-

des Board abzukommen, von dem es jemanden wegge-
fegt hatte. Ich begann, nach den meisten Normen für
Frauen gut zu surfen und gewann damals mehrere Wettkämpfe, doch immer fühlte ich mich auf Rang zwei wegen des unglaublichen Talents meiner Schwester.

Eines Tages erlaubten meine Eltern nicht, dass wir
unsere Surfbretter zum Strand beförderten, weil die
Brandung sehr stark werden sollte. Wir regten uns sehr
auf, als wir zum Strand kamen, denn die Brandung war
perfekt und die Wellen schulterhoch, so wie wir sie gerne
hatten.

Ab und zu fuhren wir mit der Familie nach Ocean
Beach und surften an den Piers, doch meine Eltern be-
vorzugten La Jolla Cove. Sie setzten uns zum Surfen am
Law Street ab, denn das lag auf dem Weg zu ihrem
Strand. Es war ein ungewöhnlicher Zufall, dass zwei andere, gleichaltrige Mädchen namens Debbie und Shary
Melville am selben Spot* surften! Viel später erfuhr ich,
dass Debbie Melville am selben Tag heiratete wie Tom
und ich. Ganz zu schweigen davon, dass mein Co-Autor
Rick Bundschuh zur selben Zeit am Law Street Strand
surfte und dick mit meinem Freund befreundet war!

Als meine Schwester ihren Führerschein hatte, konnten wir selbst an den Strand fahren. Wir liehen uns das
Auto meiner Mutter und surften von da an regelmäßig in
Sunset Cliffs. Uns gefielen die Riffe, denn es war einfacher, durch einen Kanal hinaus zu schwimmen, statt uns
in überfüllten Sets* an den Beachbreaks* durchboxen zu
müssen.

Mehrmals demolierten wir Mamas Auto und beschä-
digten die Ölwanne bei der Fahrt über den Holperweg am
Ende der Sunset Cliffs. Dann ging uns noch die Fahrertür
kaputt, die wir offen ließen, als wir das Auto um 5 Uhr
früh aus der Garage schoben, um unsere Eltern nicht zu
wecken. Aber ich kann mich nicht erinnern, dass Mama
jemals sauer auf uns war!

Bald darauf hatte meine Schwester einen Freund und
ich surfte allein. Einsam und verlassen trampte ich mit
meinem Surfbrett zum Strand. Mit 16 machte ich den

Führerschein und mein Vater kaufte mir ein Auto, damit ich nicht mehr trampen musste. Wahrscheinlich hat er mir das Leben gerettet!

Als ich ein Auto hatte, surfte ich jeden Tag in Sunset Cliffs. Dort surfte ich ganze sechs Jahre lang. Bei Gelegenheit fuhr ich auch nach Norden in die Gegend um Cardiff und surfte in Pipes. An der High School befreundete ich mich mit anderen Surfern und wir legten das Spritgeld zusammen. Meine Freundin Pam Falgren von der Tennis-Mannschaft der High School surfte auch. Und mit ihr machte alles noch viel mehr Spaß.

Meine Eltern waren nicht nur Lehrer, sondern auch Geschichtsfans. In den Sechzigern waren Wandgemälde beliebt – also ließen wir das griechische Parthenon an unsere Wohnzimmerwände malen und bekamen Marmormöbel, die aussahen wie aus Griechenland. Unsere ganz besondere Deko war die gut einen halben Meter hohe Statue einer Venus von Milo bei uns im Wohnzimmer. Sie ist eine der berühmtesten Skulpturen des antiken Griechenlands. Wie viele Kinder wachsen mit so einer Statue im Wohnzimmer auf? Jetzt erkenne ich darin, wie Gott meine Augen auf künftige Ereignisse vorbereitet hat.

Nach dem Haiangriff hatten wir eine Woche lang Interviews im Haus von Freunden in Kalihiwai Ridge. Kaum war ich im Wohnzimmer, begegnete mir wieder die Statue der Venus von Milo! Eine Erinnerung an daheim. Niemandem fiel sie auf, bis ich darauf hinwies. Sie erinnerte mich daran, dass ich mit dieser Statue aufgewachsen war.

Später, als Bethany und ich anlässlich einer Preisverleihung für Sportler in Hollywood im Morovian Hotel am Sunset Boulevard waren, bemerkte ich in unserem Hotelzimmer einige antike Gegenstände, die zum Verkauf angeboten waren, und in unserem Zimmer lag eine Zeitschrift mit der Venus von Milo auf dem Deckblatt. Seltsam, wie das Thema immer wiederkehrte.

Schließlich reiste Bethany nach Paris und wurde im Louvre mit der echten Statue fotografiert!

Irgendwann entdeckte ich meine Liebe zu Jesus. Das war in den glücklichen Zeiten, als meine Eltern uns zur Ferienbibelschule brachten. Die Gemeinde hieß *Emmanuel Baptist Church* und wir befanden uns in der frühen Hochphase dessen, was man heute als die „Jesus People-Bewegung" bezeichnet.

Welchen Stempel man dem Ganzen auch immer aufdrücken mag – damals war die Emmanuel-Gemeinde eine interessante Überschneidung von fantasievoller und einladender Jugendarbeit, durch die sich eine Gruppe von Surfern, Hippie-Typen und Jugendlichen am Rande der Gesellschaft geliebt fühlte, während sie die Botschaft Christi auf eine Art vermittelt bekamen, die sie verstanden.

Selbst als Kind war ich hungrig nach Wahrheit. Meine Eltern waren ja beide Lehrer, und so war es wohl natürlich, dass ich gerne lernte. Doch dies war eine tiefere Form des Lernens – nicht nur Grammatikregeln oder blanke Fakten. In mir fand die einfache Botschaft der Liebe Gottes ihren Nachhall. Daher war ich, als ich am Ende des Sommers in die Grundschule kam, verliebt in Jesus. Ich ruhte in dem Wissen, dass er Gott war und mich liebte. Ich wusste, er würde mich hören, wenn ich nach ihm rufen würde.

Doch ich stand allein mit meinem Glauben da. Nach dem wunderschönen Sommer in der Emmanuel-Gemeinde war niemand in meiner Nähe, der mich auf meinem geistlichen Weg ermutigt hätte, niemand, der mir die Grundsätze Christi oder ein tieferes Verständnis Gottes vermittelt hätte. Abgesehen von meinen kurzlebigen Ausflügen in die Sonntagsschule war mein Glaube isoliert.

Und dann begann er zu welken.

Ich war in der Stadt unterwegs und beschloss, im Gebrauchtwarenladen nach einem ausgemusterten Schatz zu suchen. Für ein Zehncentstück erstand ich ein Buch mit der wahren Geschichte über ein kränkliches Kind, das durch die passende Ernährung wieder gesund wurde und eine Schwimmmeisterschaft gewann. Der Autor versuchte gar nicht, das Christentum zu predigen; es war nicht einmal ein christliches Buch und handelte überhaupt nicht von Gott. Hier stand einfach, Gesundheit entstehe durch Zusammenarbeit mit der gottgewollten Komplexität des menschlichen Körpers durch gute Ernährung.

Dadurch kam mir der Gedanke, dass wir keine Zufälle der Natur sind, sondern dass uns jemand zu einem bestimmten Zweck ausdachte, dass da möglicherweise, vielleicht etwas – jemand – jenseits von uns sein könne, nämlich Gott. Mir ging auf, dass diese offene Tür zu der möglichen Existenz Gottes bedeutete, dass ich keine Atheistin mehr war, sondern Agnostikerin.

Ich weiß, das ist noch kein sonderlich großer Schritt, aber wenn C. S. Lewis recht hatte, ging es in die richtige Richtung. Es mag zwar komisch klingen, aber ich war ziemlich stolz, Agnostikerin zu sein. Dadurch fühlte ich mich intellektueller und toleranter als als Atheistin. Die Position „mag sein" ist wesentlich weniger totalitär als „unmöglich". Als Teenager in den Sechzigern wurde ich, die keinen moralischen Kompass hatte, bombardiert mit „Gelegenheiten", die mehr Weisheit erforderten, als meine Fähigkeiten, mich auf Kurs zu halten.

Die Drogenkultur war hereingeschwappt und hatte viele in der Surfkultur eingefangen. Im Rückblick erscheint es unglaublich, dass wir uns zwar körperlich in Hochform hielten, der Konsum von Pot jedoch für die meisten kein Problem darstellte. Leider wurden zu viele unglaubliche und begnadete Surfer vom Meer und ihrem geliebten Sport weggeschwemmt.

Doch ich war jung und machte so ziemlich alles mit, was meine Gruppe machte, wozu auch das Ausprobieren von Drogen (vor allem Pot) gehörte, wenn es beim Surfen eine Flaute gab. Und da ich eines von wenigen Mädchen unter vielen jungen Männern war, ließ ich mich unvermeidlich bereits in jungen Jahren mit ihnen ein.

Mit 16 war ich mit Tony zusammen. Er war ein außergewöhnlicher Surfer und Board-Hersteller. Unmittelbar nach Abschluss der High School zog ich zu ihm und begann mit dem College.

Selbst da rief Gott mir zu, mich an ihn zu erinnern. Ich hatte bloß kein Interesse am Zuhören. Ich weiß, dass eine ganze Menge Surfer damals zum Glauben an Christus fanden. Darunter auch der berühmte Künstler Rick Griffin, dessen (jetzt) christlich angehauchte Arbeiten überall in der Zeitschrift *Surfer* abgebildet waren. Irgendwie fesselte mich nichts davon, obwohl ich *Surfer* begeistert las.

Und dann war da meine Freundin Pamela. Pam wurde in unserem letzten Schuljahr Christin. Von da an änderte sich unsere Beziehung. Sie war meine enge Freundin und Tennispartnerin gewesen, doch auf einmal wollte sie bloß noch über Gott und Jesus reden. Im Rückblick erkenne ich, wie geduldig und sanft sie war, obwohl ich über ihre Begeisterung und ihre Glaubensansichten etwas spottete. Jetzt weiß ich, wie schwer ihr Herz damals gewesen sein muss. Sie freute sich so sehr über das, was der Herr in ihrem Leben gemacht hatte, doch jedes Mal, wenn sie sich mit mir darüber unterhalten wollte, sagte ich ihr rundheraus, ich hätte keine Lust, mit „Jesus People" abzuhängen und in Bibelstunden zu gehen. Ich glaubte nicht, dass ich in meinem Leben etwas ändern musste, und außerdem hielt ich es lediglich für eine Phase, die sie durchmachte; es würde vorübergehen. Und mein Leben war viel zu aufregend, um mich mit der Frage nach Gott herumzuplagen. Die Wege von Pam und mir trennten sich.

Als positive Randbemerkung: Pam hat nicht aufgehört für mich zu beten, sie hat nie aufgehört sich zu fragen, ob ich mein Leben dem Herrn übergeben hätte. Irgendwann vor nicht allzu langer Zeit suchte sie mich im Internet, in der Hoffnung, wir könnten uns wiedersehen und sie könne mir wieder von der Guten Nachricht erzählen. Mich fand sie nicht, aber bei der Suche tauchte immer wieder Bethanys Name auf. Sie hatte von Bethany Hamilton gehört, wusste jedoch nicht, dass ich Bethanys Mutter war, bis ihr Bethanys Buch in die Hände fiel. Man kann sich leicht ihre Freude und Überraschung vorstellen! Sie hatte mich gefunden und – oh Wunder! – ich war gläubig und hatte eine Familie, die begeistert von Gott war.

Im September 2008 schrieb sie mir einen Brief. Nicht lange danach rief ich sie an. Seitdem halten wir Kontakt. Wie schön ist doch Freundschaft, wenn sie vervollständigt wird durch Gemeinschaft und Gebet. Es war so ein Segen zu sehen, dass jeder geistliche Same, den man ausstreut, in Gottes Verantwortungsbereich liegt. Pamela wusste zwar nicht, dass die Saat, die sie in unseren jungen Jahren gelegt hatte, in meinem Leben Wurzeln geschlagen hatte – Gott jedoch sehr wohl.

Doch damals war ich noch denkbar weit von Gott entfernt. Ich ging aufs College und surfte, so viel ich konnte. Ich nahm sogar an Wettkämpfen teil. Aus einem Wettkampf in Baja, Kalifornien, ging ich als eine der besten Surferinnen der Region hervor. Schade nur, dass mein hübsches preisgekröntes Board damals dort gestohlen wurde.

Mein Freund und ich mieteten ein tolles Haus genau über einem berüchtigten Teil von San Diego mit Namen Ocean Beach. OB, wie die Einheimischen es nennen, war das Surfer- und Hippieparadies von San Diego. Überall gab es Drogen, nächtelang wurden Partys gefeiert. Trotz alledem – oder weil wir die Augen davor verschlossen – hatten wir geplant, das College abzuschließen und mit 21 zu heiraten.

Ich nahm den erstbesten Job in einem *Kentucky Fried Chicken* ganz in der Nähe an, während Tony in der Garage Surfboards herstellte. Wenn ich abends heimkam, war unser Haus voll von bekifften und ausgehungerten Surfern. Ich war ein willkommener Anblick, denn ich brachte immer Hühnchen- oder Kuchenreste mit.

In unserem College war ein Aushang mit einem Kurs in Transzendentaler Meditation von Maharishi Mahesh Yogi, dem Guru, dem auch die Beatles anhingen. Das interessierte mich, denn es sollte laut Anzeige dazu beitragen, die geistigen Fähigkeiten zu steigern. Ich war hungrig nach Erkenntnis und dachte, dies könne mein Gedächtnis verbessern. Dann fand ich heraus, dass es 30 Dollar kosten sollte – damals eine hübsche Summe. Ich hielt es in gewisser Weise für religiös und war der Ansicht, es solle kostenlos sein. (Später erfuhr ich von Tom, meinem Mann, dass er an genau diesem Kurs teilnahm und sogar seinen besonderen Hindu-„Gott"-Namen bekam, den er rhythmisch rufen sollte – und das alles für 30 Dollar!) Es war also bloß eine religiöse Übung, um ein paar Pluspunkte zu verdienen und nicht so eine Fortbildung, wie ich sie erwartet hätte.

Arbeiten und Lernen waren wie Echozeichen auf meinem Radar im Vergleich zum Surfen. Südkalifornien hat reihenweise unglaubliche Surfspots* zu bieten – also konnte ich da aufblühen, wo ich hinverpflanzt worden war. Damals war Lokalpatriotismus zwar sehr stark ausgeprägt und er gedeiht auch heute noch an fast jedem Surfspot* der Welt, doch als Mädchen musste ich um jede Welle kämpfen und planen und sie mir verdienen. Partys haben mich nie interessiert, sodass es mir auch nichts ausmachte, früh schlafen zu gehen. Somit konnte ich vor Tagesanbruch aufstehen und mit der aufgehenden Sonne surfen gehen, bevor es in den Wellen zu voll wurde. Der frühmorgendliche Surfgang wurde mir für die nächsten 30 Jahre zur Routine.

Ich hatte meinem Freund zum Geburtstag einen Skiausflug geschenkt. Also schwangen wir uns in meinen kleinen Karmann Ghia und fuhren zum Skifahren auf die Hänge von Big Bear, Kalifornien, hinauf. Bevor das Surfen mein Leben beherrscht hatte, war ich ziemlich oft mit meiner Familie Skifahren gewesen und wusste daher, was ich tat. Mein Freund hatte jedoch nie zuvor auf Skiern gestanden. Aber da er das Surfen so gut beherrschte, maßte er sich an, zu sagen, er würde auf den Abfahrten auch gleich eine gute Figur machen.

Machte er aber nicht. Schließlich ging ich allein Skilaufen ... um ihm einen Teil seines Ego zu bewahren. Ich muss ihm zugutehalten, dass er bis mittags so weit vorangekommen war, dass er sich schon auf die Pisten für die Fortgeschrittenen wagte; und als wir uns wieder auf den Rückweg machten, war er von der neuen Sportart sogar begeistert. Womöglich zu begeistert.

Etwa einen Monat später schlugen ihm ein paar Freunde einen Skiausflug nach Mammoth, dem Schneeparadies mitten in Kalifornien, vor. Ich hatte einen neuen Job in einem Vollwert-Restaurant namens *Homestead*. Also konnte ich nicht mitfahren.

Eine Woche verging und Tony kehrte nicht zurück. Doch ich bekam einen Brief. Er arbeitete jetzt am Skilift und führte ein neues Leben als „Ski-Fanatiker" – ein neues Leben, das mich nicht einschloss. Ich blieb allein zurück mit einem leeren Haus und ein paar Surfbrettern.

Mir brach es das Herz. Ich bin mir sicher, dass mir all meine Kunden bei der Arbeit meine Niedergeschlagenheit anmerkten, vor allem der junge Kerl, der gerade vom Militärdienst kam und nach Ocean Beach gezogen war, um zwischen den Vorlesungen am Mesa College zu surfen. Er hieß Tom Hamilton. Und ja, er war zur selben Zeit am Mesa College wie ich, und vielleicht hat er auch ein paar meiner Wellen an den Sunset Cliffs erwischt oder ich seine!

# Nach Hawaii

*„Nähme ich Flügel der Morgenröte und bliebe am äußersten Meer, so würde auch dort deine Hand mich führen und deine Rechte mich halten."*
PSALM 139,9-10 (LÜ)

Ich verbrachte eine Nacht im Gefängnis, weil ich ein Beweismittel aufgegessen habe. Angeblich war es ein sehr, sehr kleines Marihuana-Pflänzchen. Kein Blatt, sondern ein Setzling. Seltsamerweise war es nicht mal meiner und ich hatte auch keinen Ärger deswegen. Es war nur das letzte Glied in einer Kette von Missgeschicken. Doch wenn ich nicht ins Gefängnis gekommen wäre, wenn ich dieses winzige Beweisstück nicht verzehrt hätte, das sich nicht einmal gegen mich richtete, und wenn ich nicht wütend und vielleicht sogar ein bisschen verrückt gewesen wäre, hätte ich mich womöglich nie auf den Weg von Kalifornien nach Hawaii gemacht.

Kehren wir also zurück zu der Zeit in Ocean Beach, als mein Freund mich verlassen hatte und mit seinen Freunden nach Mammoth gezogen war. Verzweifelt bemühte ich mich, von meinem Einkommen im Vollwert-

Restaurant *Homestead* meine Miete zu bezahlen, eben jenem Restaurant, das mein künftiger Ehemann besuchte. Doch die Geschichte wäre für meine Verhältnisse zu einfach gewesen, wenn ich ihn da schon bemerkt hätte. Ich konzentrierte mich zu sehr auf meinen Alltag – bei der Arbeit oder im Wasser –, auch wenn er manchmal an denselben Spots* surfte wie ich.

Ich fühlte mich sehr einsam und nirgends eingebunden. Und da ich jung war und vielleicht ein bisschen naiv, stellte ich mir vor, ich könnte nach Mammoth fahren und mit meinem Ex-Freund alles wieder hinbiegen, auch wenn er mir in seinem Brief mitgeteilt hatte, es sei aus zwischen uns.

Ich zog aus meinem Häuschen und fuhr mit meinem kleinen Karmann Ghia in die Berge von Mammoth. Tonys Freunde hatten eine Mauer zwischen uns errichtet. Also mietete ich schließlich ein Zimmer in einem Haus von einem Typen, der es für die Eigentümer verwaltete. Bald fand ich einen Job und lochte Liftkarten ab. Es war ziemlich anstrengend, könnte man sagen. Da waren viele Leute in meinem Alter, von denen wiederum etliche Surfer waren, wenn sie nicht die Pisten herunter fuhren. Ich musste zwar viel arbeiten, kam aber auch noch zum Skifahren. Schließlich hob die Herausforderung, eine gute Skifahrerin zu werden, den Trennungsschmerz auf, der mich ins Gebirge gebracht hatte.

Das Zimmer nebenan hatte ein Pärchen gemietet. Ich sah sie kaum und unterhielt mich nie mit ihnen, doch ich hörte sie nachts oft streiten oder Krach machen. Sie kamen und gingen zu unvorhersehbaren Zeiten und blieben manchmal tagelang weg. Im Gegensatz zu den normalerweise freundlichen Menschen in diesem kleinen Bergstädtchen waren sie extrem zurückgezogen.

Eines Tages begegnete ich meinem Mitbewohner auf dem Weg ins Bad. Er nickte mir kurz zu, sagte jedoch kein Wort. Seine Hand war grob verbunden, Blut sickerte hindurch.

Am späten Nachmittag, als ich von der Arbeit kam, hatte die Polizei das Haus umstellt. Sie hatten seine

Freundin; allerdings war sie nicht verhaftet, denn er war es, den sie wollten. Es stellte sich heraus, dass er ein Bankräuber war, dem bei seinem letzten Überfall die Hand durchschossen worden war. Schließlich hatten sie ihn hier in dem Haus, in dem auch ich wohnte, anhand des Nummernschilds an seinem gestohlenen Wohnmobil aufgespürt!

„Kannten Sie ihn? Was hat er hier gemacht?", fragte mich der Sheriff. Ich erklärte ihm, dass mir meine Hausbewohner ein absolutes Rätsel gewesen waren. Jetzt konnte ich mir manches besser erklären.

Am nächsten Tag sollte ich auf die Polizeiwache kommen und ich nahm an, ich sollte eine Aussage über meinen früheren Nachbarn, den Bankräuber, machen. Doch ich wurde in ein Vernehmungszimmer gelotst und über die vermeintlichen Marihuana-Pflanzen ausgequetscht, die die Polizei auf der Veranda des Hauseigentümers gefunden hatte.

„Was für Pot?", fragte ich, denn ich hatte echt keine Ahnung, dass der Eigentümer Marihuana anpflanzte. Da brachten sie die beiden Pflänzchen, die nicht größer waren als mein Daumennagel.

Die Polizisten begannen, den Druck zu erhöhen. Sie wollten mir erzählen, mein Vermieter gehöre zu einem Drogenring und er pflanze Marihuana an. Ich hatte nie auch nur den kleinsten Hinweis darauf gesehen, dass er mit Drogen dealte, und ich wollte ihm keine Probleme für etwas bereiten, von dem ich keine Kenntnis besaß.

Nachdem sie die Daumenschrauben ergebnislos angezogen hatten, sagte einer der Polizisten (genau wie in einem schlechten Krimi): „Wir lassen Ihnen Zeit, darüber nachzudenken." Damit ging er aus dem Vernehmungszimmer und ließ mich mit den winzigen Pflanzen zurück. Mich ärgerte ungemein, dass ich so in die Enge getrieben wurde – mich ärgerte, dass ich meinen Vermieter anschwärzen sollte, damit ihnen ein größerer Fisch ins Netz ging. Mich ärgerte, dass sie mich wegen dieser kleinen angeblichen Marihuana-Pflanzen hier hereingezerrt hatten.

Wahrscheinlich war ich so aufgebracht, dass ich es für das Einfachste hielt, die Beweismittel aufzuessen. Und genau das tat ich! Sie hätten mal ihren Blick sehen sollen, als sie wiederkamen.

Es erübrigt sich zu sagen, dass sie nicht sehr begeistert davon waren. Ich hatte mir eine Nacht im Gefängnis eingehandelt.

Im Rückblick wette ich, ich wäre wesentlich kooperativer gewesen, wenn sie mir erzählt hätten, dass der Vermieter mit der gesamten Miete mehrerer Monate die Stadt hinter sich gelassen hatte.

Es setzte dem Fass die Krone auf, dass das Gefängnis, in das sie mich gebracht hatten, in Bishop, Kalifornien, war – eine Autostunde entfernt. Als sie mich am nächsten Tag rauswarfen, hatte ich keine Möglichkeit, wieder zu meinem Auto vor der Polizeiwache in Mammoth zu kommen. Ich dachte ans Trampen, doch dann rief ich lieber ein paar Freunde in Mammoth an, ob sie mich abholen könnten. Schließlich erreichte ich Chris, auch ein Surfer, den ich über meinen Ex-Freund Tony kannte.

Da ich mich befreit fühlte und mich abreagieren musste, verließ ich die Wache und ging auf der entlegenen Bergstraße Chris entgegen. Ich wurde misstrauisch, als ein Chevy Van, der in der Gegenrichtung unterwegs war, langsamer wurde und der Fahrer mich fragte, ob er mich mitnehmen könne. „Nein, danke", sagte ich und er fuhr weiter, doch als ich mich umdrehte, sah ich, dass er gewendet hatte und auf mich zukam. In mir schrillten die Alarmglocken! Da kam Chris, der ein bisschen wie ein Hippie aussah, mit seinem VW-Campingbus angefahren. Im Rückblick erkenne ich Gottes schützende Hand über meinem Leben.

Auf der Rückfahrt unterhielten wir uns über Hawaii und wie toll es wäre, dort zu surfen. Der Frühling kam, der Schnee schmolz – und damit auch mein Job. Dank der Bankräuber und eines Bonsai-Pot anpflanzenden, Geld veruntreuenden Vermieters hatte ich keine Unterkunft. Es sah aus wie der perfekte Zeitpunkt für radikale Änderungen. Chris fragte, ob er mitkommen könne.

Statt nach Oahu mit all seinen berühmten Surf-breaks* schlug Chris vor, auf die Insel Kauai zu ziehen. Davon hatte ich noch nie gehört. Er hatte Freunde dort, die uns aufnehmen würden, und nach allem, was er ge-hört hatte, waren die Wellen dort nicht überfüllt.

Ich war einverstanden. Kauai – das war's! Wir ver-kauften unsere Autos, packten unsere Surfbretter ein und waren unterwegs zu den Inseln und zu meiner Be-stimmung, dem Ort, an dem ich sein sollte.

Während dieser Zeit saß Tom in Vorlesungen am College von San Diego. Das G.I. Bill kam für seine Studienkosten und seine Unterkunft auf. Er packte all seine Vorlesun-gen in zwei Tage, damit er viel Zeit zum Surfen hatte.

Als Tom gerade aus der Navy entlassen worden war, war er erst einmal nach New Jersey heimgekehrt. Nach-dem er sich eine Weile in den Billardhallen herumge-drückt (und seinem Spitznamen „Trickster" alle Ehre ge-macht) hatte, hatte er schon bald genug Geld beisammen, um nach San Diego zurückzukehren, wo die Wellen eher nach seinem Geschmack waren.

Das Surfen erlebte damals revolutionäre Neuentwick-lungen. Lange, schwere Surfboards waren kürzeren, leichteren und wendigeren gewichen. Die Tage der Long-boarderpose Hanging Ten* schwanden dahin. Auf einem kurzen Board steht der Surfer fest mit beiden Füßen dar-auf und nutzt den Schwerpunkt seines Körpergewichts, um zu wenden und den steilen Teil der Welle zu carven* und genau vor dem Weißwasserschaum zu bleiben.

Dann kam die Fangleine auf. Bis dahin war es so: Wenn es einen Surfer vom Brett fegte, musste er (sie) hin-ter seinem (ihrem) Surfbrett her schwimmen, und zwar in aller Regel bis zum Strand. Man sollte meinen, über die Idee mit der Leine hätten alle Surfer Halleluja gerufen und sich gefreut, dass sie sich jetzt die endlos lange Zeit sparen könnten, im kalten Wasser hinter Surfbrettern her zu schwimmen oder über scharfe Riffe zu krabbeln.

Doch ein paar selbst ernannte Hardcore-Surfer schauten auf alle hinab, die mit einer Leine hinauspaddelten, und nannten sie „Kooks", was ein despektierliches Wort für Anfänger ist. Selbst ich weigerte mich, eine Fangleine zu verwenden, denn ich war eine sehr starke Schwimmerin. Doch die „Kooks" mit den Fangleinen bekamen viel mehr Wellen, während Hardcore-Surfer ihren Brettern hinterher schwammen. Mit der Zeit zogen alle Surfer los und kauften sich Fangleinen.

Tom hegte genau wie ich den Gedanken, nach Hawaii zu ziehen. Ihm gefielen die Wellen in Kalifornien, doch er sehnte sich nach noch herausfordernderen Wellen, wie er sie in Surfer-Filmen oder -Zeitschriften sah. In seinen Ohren hallten die Worte seines hawaiischen Schiffskameraden Rob wider. Nach nur einem Jahr am College kratzte er in den Weihnachtsferien all seine Ersparnisse zusammen und kaufte sich ein Rückflugticket nach Honolulu.

Er kannte sich hinreichend aus, um die Stadt, wie Honolulu genannt wurde, rasch wieder zu verlassen und zu den ländlichen Gegenden der Insel aufzubrechen. Er war auf der Jagd nach den größeren, gewaltigeren Wellen. Die waren nur am North Shore zu finden, wo die Surfbreaks* bekannte Namen hatten, die Tom in den Surfer-Zeitschriften mit den vielen Bildern von kraftvoll aufschlagenden Wellen gelesen hatte: Pipeline, Sunset Beach, Waimea Bay.

Tom fand ein Zimmer, das er sich mit anderen Leuten, die es vom Festland hierher verschlagen hatte, teilte. Tom ging mit ihnen surfen und verbesserte seine Fähigkeiten in den größeren Wellen. Innerhalb von zwei Jahren wurden aus seinen Mitbewohnern legendäre Big Wave Surfer*.

Ein Freund von Tom meinte, er solle die Inseln nicht verlassen, ohne sich vorher ein Bild von einer eher abgelegenen Insel zu machen. „Besuch mal Kauai", schlug er vor. „Da ist das Leben viel entspannter, langsamer." Und so war es seine Bestimmung, dass Tom für die wenigen Tage, die ihm auf der Reise noch blieben, am Lihue Airport auf Kauai landete.

Damals war der Flughafen noch nicht groß genug für Jets, man musste also mit einer lauten, ratternden Propellermaschine fliegen. Das Gate war ein Pavillon mit ein paar Bänken und einem Maschendrahtzaun. Die Gepäckausgabe bestand bloß aus einer etwa sieben Meter langen Sperrholzplatte mit Metalldeckel.

Tom musste einfach die „Garteninsel" mit dem geschäftigen Oahu vergleichen. Mit Rucksack und Surfbrettern auf dem Rücken wanderte Tom auf der Hauptstraße, einer einspurigen Straße, die nicht einmal um die ganze Insel herum führte. Bis heute verhindern die Klippen der Küste von Na Pali den Bau einer Verbindungsstraße – seither hat sich also nicht allzu viel verändert.

Tom kannte niemanden und wusste auch nicht, wo hier alles war, er kannte nur einen Namen: Hanalei Bay, wo die Wellen am Besten sein sollten. Doch er war ein einfallsreicher junger Mann mit einem Schlafsack, etwas Bargeld und einem Surfbrett. Es würde ein Abenteuer werden. Also streckte er natürlich seinen Daumen aus, um mitgenommen zu werden.

Nicht lange und ein älterer Hawaiianer in einem Pickup fragte ihn in dickstem Pidgin-Englisch: „Wohin will gehen?"

„Hanalei", erwiderte Tom und verstümmelte die Aussprache wie so viele Touristen.

Der Fahrer deutete auf den hinteren Teil des Trucks und Tom stieg ein. Amüsiert stellte er fest, dass er die Fahrt nach Hanalei mit Schweinen in Käfigen sowie Schweinefutter verbrachte.

Erstaunlicherweise setzte der Fahrer (der ausgerechnet Henry Tai Hook, ehrenamtlicher Bürgermeister von Kauais North Shore, war) ihn mitten in der Stadt Hanalei ab. Tom bedankte sich, schnappte seine Sachen und ging zum Strand. Die nächsten Tage campte und surfte er am Nordstrand von Kauai und verstaute seine Sachen während des Surfens im Gebüsch.

In diesen paar Tagen verfiel Tom der atemberaubenden Schönheit, dem üppigen Dschungel, den majestätischen Wasserfällen und den kristallblauen Wellen. Er ließ sich von seinem Zimmergenossen in San Diego sein restliches Hab und Gut schicken. Dann schrieb er sich in dem kleinen College ein und erklärte Kauai zu seinem neuen Zuhause.

Die frühen Siebziger waren der Beginn eines drastischen demografischen Wandels im US-Staat Hawaii. Die Stammesfürsten hatten das Surfen zu einem Sport ausschließlich für den Adel erklärt; dem Volk war unter Androhung der Todesstrafe das Surfen verboten. Die Inselbewohner – überwiegend asiatischer und polynesischer Herkunft – hatten die *Haoles*, die Weißen, zahlenmäßig überholt.

Doch die Jahrhunderte alte Landwirtschaft, die aus der Insel einen Schmelztiegel von importierten Arbeitskräften aus Portugal, China, Korea, Japan und den Philippinen gemacht hatte, wurde überrollt vom neuen Boom eines alten Wirtschaftszweiges: Tourismus.

Der Tourismus brachte nicht nur Gäste vom Festland, sondern Besucher, denen gefiel, was sie sahen, zogen auch auf die Inseln. Eine ganze Weile waren die äußeren Inseln davon ausgenommen, doch in dem Zeitraum, als Tom und ich einzeln und ohne jegliche Beziehung zueinander nach Kauai zogen, kam eine Flut von Surfern vom Festland nach Hawaii.

Vielleicht hatte es damit zu tun, dass das Surfen über eine Modeerscheinung der frühen Sechziger hinaus ging; vielleicht hatte es mit den politischen und soziologischen Turbulenzen jener Zeit zu tun. Was auch immer – diejenigen, die sich als die „Einheimischen" bezeichneten (auch wenn der Prozentsatz der waschechten Ureinwohner Hawaiis auf ein Minimum geschrumpft war), wurden überschwemmt von jungen Fremden vom Festland, die an Surfspots* auftauchten, die lange Jahre von Einheimischen beherrscht worden waren.

Selbstredend flogen oft die Funken.

Seit James Cook gegen Ende des 18. Jahrhunderts Hawaii entdeckt hatte, wurde es mit den Wellen einströmender Zuwanderer zum Schmelztiegel der Kulturen, doch ab der zweiten oder dritten Generation waren sie tief verwurzelt in engen Beziehungen – Menschen, die einander von Geburt an kannten, die berühmte Familie oder *Ohana* – wo jeder irgendwie mit jedem verwandt war. Sie hatten sogar einen einzigartigen Dialekt: Pidgin-Englisch. In dieses Gemisch werfe man eine Handvoll Surfer und Hippies frisch von der verrücktesten Phase kultureller Veränderungen in Amerika – und fertig ist ein Konflikt.

Tom schaffte es bemerkenswert gut, sich keine Probleme einzuhandeln. Er erkannte, dass es im Lineup\* beim Surfen eine Hackordnung gab und dass er beträchtliche Zeit einplanen musste, um mit den Einheimischen Beziehungen zu knüpfen, damit er zögerlich akzeptiert wurde. Es spielte keine Rolle, wie gut er surfte – er musste sich auf einer anderen Ebene mit ihnen gut stellen. Außerdem ist Tom von Natur aus entspannt und nicht auf Konfrontation aus.

Trotzdem blieb ihm aber nicht immer Ärger erspart.

Genau wie in New Jersey gab Tom den „Trickster" in einer Billardhalle, sooft er etwas Bargeld extra brauchte. Dabei stellte er sich nicht dumm an; er gewann bloß hier und da ein paar Dollar und somit merkte niemand, dass der surfende junge *Haole* mit der Glückssträhne eigentlich ein Abzocker beim Pool-Billard war.

Doch eines Abends nahm Tom in Hanaleis berüchtigter *Tahiti Nui Bar* naiv, wie er war, mit seinen Fähigkeiten am Spieltisch einige der Schwergewichte des Ortes aus. Je mehr es in den Typen brodelte desto ruhiger wurden sie, sodass Tom gar nicht mitbekam, wie ihr Zorn eskalierte, während sie weiter tranken. Plötzlich ging einer aus dem Nichts mit dem Billardstock auf Toms Kopf los. Ihn retteten seine schnellen Reflexe, denn er nahm im Bruchteil einer Sekunde seinen Billardstock hoch. Er ging durch den Schlag zu Bruch, doch lieber er als Toms Kopf. Tom beschloss, den „Trickster" eine Weile ruhen zu lassen und verdingte sich als Erntehelfer für die Wasserbrotwurzel.

Von Zeit zu Zeit hatte Tom mit seinem roten Karmann Ghia (noch so ein verblüffender Zufall?) auf dem Weg vom *Kauai Community College* eine Panne. Um diese nachtschlafende Zeit waren nicht viele Autofahrer nach Norden unterwegs, und noch weniger waren bereit, einen langhaarigen Hippie mitzunehmen. Manchmal blieb Tom auf dem Rückweg liegen, ohne Aussicht, nach Hause zu kommen und dann setzte auch noch der Regen ein. Schließlich ist Kauai der nasseste Fleck der Erde.

Einfallsreich – und mutig –, wie Tom war, fiel ihm ein, dass die Kirchen auf der Strecke selten verschlossen waren. Etliche Nächte verbrachte er ausgestreckt auf einer Kirchenbank, zugedeckt mit dem Talar des Predigers. Natürlich war Tom immer schon vor Tagesanbruch wieder weg und hatte seine provisorische Zudecke bereits wieder da hingehängt, wo er sie vorgefunden hatte, damit sie am nächsten Sonntagmorgen wieder einsatzbereit war.

Seit Jahren war Tom nicht so nah an einem Gottesdienst gewesen.

Nach dem College, das ihm sein G.I. Bill finanziert hatte, ging Tom nach Oahu, um sein Studium an der *University of Hawaii* fortzusetzen. Er wohnte dort in Rocky Point am North Shore und wurde zum geschliffenen Surfer. Mit seiner geselligen Art freundete er sich mit vielen Surf-Ikonen von damals an: Steve Cranston, Tom Parish, Jackie Dunn und Greg Lohr. Tom heftete sich an Jerry Lopez Fersen, um seinen Start vom Lineup* am Surfspot* Pipeline zu untersuchen. In Sunset surfte er oft, wenn Barry Kanaiaupuni und Eddie Aikau draußen waren. Diese legendären hawaiischen Surfer waren Herz und Seele der Surf-Gemeinde.

Damals in den 70ern herrschte auf Oahu, verglichen mit Kauai, ein erbarmungsloser Konkurrenzkampf. Die Surfspots* waren überfüllt und man setzte sich mit den Ellenbogen durch. Die Rassenkonflikte eskalierten, Einschüchterungen häuften sich und gipfelten im brutalen Verprügeln einer Gruppe berühmter australischer und südafrikanischer Surfer. Sogar manche Todesdrohungen waren ernst genug, um Polizeischutz zu und von den Wettkämpfen anzufordern.

Dazu kamen Drogen und Drogendealer, und das langsame Entfalten des „Summer of Love" in ein zerrissenes Territorialverhalten hinein. Dennoch entwickelte sich unter den Lebenskünstler- und Hippie-Surfern etwas sehr Starkes.

Der Big Wave Surfer* Rick Irons war gerade in seiner Werkstatt, als Tom zu ihm kam, um sich von ihm ein Surfboard anfertigen zu lassen. Rick, der Onkel des verstorbenen Weltklassesurfers Andy Irons und seines versierten Bruders Bruce, war eine faszinierende Persönlichkeit und hatte in den Sechzigern die US-Meisterschaft gewonnen.

„Sag mal, Rick", begann Tom, „was hat es denn mit den kleinen Fischen auf sich, die du auf die von dir angefertigten Bretter malst?" Rick lächelte und erklärte, der Fisch sei ein Zeichen, dass er ein Nachfolger Jesu Christi sei. Er redete noch mehr von Christus und der Vergebung, die ihm zuteilgeworden wäre, weil Christus für seine Sünden am Kreuz gestorben war. Für Tom war es das erste Mal, dass ihm jemand von der Guten Nachricht der Erlösung durch Jesus Christus erzählte.

Nicht nur Rick gab die „Gute Nachricht" weiter. Auch andere junge Surfer in Toms Umfeld entdeckten eine starke Beziehung zu Gott. Die North Shore Surfer Mike Stangel und Bill Stonebraker wurden ebenfalls Christen und später, genau wie Rick, Pastoren.

Tom erinnert sich, dass aus dem Fenster im ersten Stock von Billy Barnfields – eines weiteren Surfboard-Bauers – Wohnung Lobpreislieder schallten. „Ich war neugierig und wusste, es war eine Art Bibelstunde, doch niemand lud mich ein und ich war zu schüchtern zu fragen", sagt Tom im Rückblick.

An allen Stränden am gut elf Kilometer langen North Shore entlang tat Gott sein Werk an den jungen, gesunden und talentierten Männern und Frauen der Surfgemeinde. Einige, wie Tom, hörten zum ersten Mal von der Guten Nachricht von Jesus Christus – und zwar nicht von

strahlenden Evangelisten oder in einem muffigen Gottesdienst, sondern von Leuten, die sie kannten und respek-
tierten – Surfern und Surfbrettbauern. In diesem Umfeld
ließ sich die Botschaft von Gott am wirksamsten verbreiten – organisch, von Freund zu Freund, in dieser meeres-
bezogenen Gemeinschaft.

Solange Tom in Rocky Point wohnte, konnte er an einigen der schönsten Breaks* des North Shore surfen. Eines Tages rief ihn ein Freund von Kauai an und erzählte
ihm von einem Job als Bankettkellner in einem Resort.
Die Bezahlung war toll und die abendlichen Arbeitszeiten perfekt für einen Surfer. Das reichte Tom als Ermun-
terung, Oahu den Rücken zu kehren und mit einem
Kleinflugzeug wieder nach Kauai zu fliegen.

Ich weiß, es war nicht ganz üblich, dass sich eine 21-Jäh-
rige mit einem Typen, den sie kaum kennt, nach Hawaii
aufmacht. Doch ich zog los mit Chris, einem ebenfalls
surfenden Freund und Reisegefährten, der meine Interessen teilte.

Außerdem war es eine ungewöhnliche Zeit, in der der
Rockmusiker Stephen Stills „Love the One You're With"
(„Liebe Denjenigen, Mit dem Du Zusammen Bist") sang.
Schließlich wurden wir Zimmergenossen mit ... Sonder-
rechten.

Als wir auf Kauai waren, wohnten wir ein paar Wochen bei den Freunden, die Chris gut kannte und mit denen er aufgewachsen war. Wir durften bei ihnen auf dem
Speicher wohnen. Er war heiß, staubig und voller Spinn-
weben. Die einzige Möblierung war eine breite Matratze,
doch wir waren begeistert, denn unser einziges Ziel war
das Surfen und so viel wie möglich am Strand abzuhängen.

Zu unserer Überraschung sagte die Gastgeberin: „So,
zwei Wochen Besuch zu haben ist genug. Aloha!" Jung
und selbst bezogen, wie wir damals waren, hatten wir
angenommen, wir könnten unbegrenzt bei ihnen woh-

nen und mitessen, zumal sie eine hervorragende Köchin war.

Wir beschlossen, unser Geld zusammenzulegen und bald einen Van zu kaufen, in dem wir leben könnten, denn das wäre eine billige und todsichere Möglichkeit, auf der ganzen Insel zu surfen. Also campten wir am Strand, bis wir einen Van fanden. Wir brauchten nicht lange, bis wir die 500 Dollar beisammenhatten.

Es war Sommer und die Brandung am North Shore somit schwach, doch es ließen sich viele andere Dinge unternehmen: Tauchen, Fischen oder Wandern – den Hanakapi'ai Trail an den blanken Napali Cliffs entlang in ein atemberaubendes Tal und einem riesigen Wasserfall.

Unsere Hauptbeschäftigung war das Sammeln von Puka-Muscheln. Das sind kleine, scheibenförmige Muscheln, eigentlich die Reste größerer Muscheln, mit einem Loch (*Puka* auf Hawaiisch) in der Mitte. Man zog sie zu Ketten auf, die Anfang der Siebziger schwer in Mode waren. Inselbewohner, die ihr ganzes Leben über diese Muscheln gelaufen waren, stellten fest, dass sie mit einer Dose voll von diesen ziemlich verbreiteten kleinen Muscheln über 50 Dollar verdienen konnten – was damals eine ziemliche Summe war.

Wir stellten unseren Van gegenüber der riesigen Höhle ab, genau vor einem Surfspot*, der passenderweise Tunnels hieß. Wir lebten in unserem Van in der Nähe des Haena Beach Park und sahen, dass einige Familien ganze Strandabschnitte mit Seilen abgesperrt hatten, damit keine anderen in ihrem „Feld" gruben – ähnlich wie beim Goldrausch in den Anfangszeiten Kaliforniens.

Chris und ich fanden es schließlich einfacher, unsere Puka-Muscheln unter Wasser zu suchen. Also schnorchelten wir fast den ganzen Sommer mit einer leeren Getränkedose in der Hand und durchwühlten den Sand nach den kleinen Muscheln. Das hielt uns in Form und surfbereit, als die Wellen zurückkehrten.

Als ich erstmals auf Kauai surfte, war es am Riff von Tunnels. Das war so ziemlich die einzige Stelle an der Nordseite der Insel, die auch im Sommer Wellen hatte.

Ich mochte die Welle nie so besonders, denn sie klatschte auf ein flaches Riff und ich kam immer mit vielen Schürf-wunden an den Füßen wieder an Land. Die Welle ver-läuft entlang einem tiefen, abfallenden Kanal, was sehr unheimlich war und ein Tummelplatz für Haie.

Damals konnte ich nicht wissen, dass dieser Surfspot* eine so große Rolle in meiner Lebensgeschichte spielen würde. Denn genau in Tunnels griff ein Hai viele Jahre später meine Tochter Bethany an.

# Von Christus gefangen genommen

*„Nicht ihr habt mich erwählt, sondern ich habe euch zu mir gerufen, damit ihr hingeht und Frucht bringt, die bleibt. Dann wird euch der Vater alles geben, worum ihr ihn in meinem Namen bittet.“*

JOHANNES 15,16 (HFA)

Andauernd erzähle ich den Leuten, die von unserer Vergangenheit hören, dass Tom und ich *keine* Hippies waren.

Für die meisten ist der Unterschied nicht besonders groß, doch in meiner Vorstellung war er sogar damals schon bedeutend. Was mich vollkommen vereinnahmte, war die Sucht nach Surfen, kein Aussteigertum, kein politischer Aktivismus, keine Kommunenbildung, nur eine hübsche spiegelglatte Welle an einem nicht überfüllten Beach-* oder Reefbreak*.

In jedem wachen Augenblick richtete ich meinen Tagesplan danach aus, die besten Wellen zu finden und zu bekommen. Ich war der Inbegriff eines Soul Surfers*.

Hippies ... na ja, Hippies waren eben die Leute, die im Taylor Camp wohnten.

In den späten 1960er Jahren kaufte Howard Taylor, der Bruder der Schauspielerin Elizabeth Taylor, ein Grundstück auf Kauai –

ziemlich weit draußen, fast am Ende der Straße. Er wollte ein Haus bauen, doch der Staat erteilte ihm keine Erschließungsgenehmigung; stattdessen wollten sie ihm das unbebaute Land entziehen und es der nahegelegenen Ke'e Lagune am Ende der Straße zuschlagen.

Taylor hatte die Nase voll von dem habgierigen Staat, als er auch noch Steuern auf das Land zahlen sollte, das sie zu enteignen versuchten, daher lud Taylor im Jahre 1969 etliche Hippies ein, kostenlos auf seinem Grundstück zu campen.

Taylor Camp in der Nähe des Tunnels Beach wurde zum Anziehungspunkt für Friedensaktivisten, die aus Fundstücken Schuppen und Bambus-Baumhäuser bauten. Sie bildeten am äußersten Ende des Paradieses eine primitive kommunale Gemeinschaft mit wenigen Regeln und noch weniger Bekleidungsvorschriften.

Elizabeth Taylors Sohn ging auch ins Taylor Camp. Bei einem Besuch auf Kauai schenkte er ihr eine Kette aus Puka-Muscheln. Der Puka-Ketten-Trend wurde ausgelöst, als sie später auf einem Foto dieses Geschenk um den Hals trug.

Taylor Camp wurde 1977 staatlicherseits niedergerissen, doch in den North Shore Legenden spielt es immer noch eine große Rolle.

Ich streifte am North Shore umher auf der Suche nach der Brandung. Kauais natürliche Schönheit nimmt einen hinter jeder Biegung gefangen. Vom einen Ende der Straße im Norden bis zum anderen Ende der Straße im Westen rühmte die Natur ihren Schöpfer. Wir parkten, wo wir konnten, normalerweise in der Nähe von Surfspots* oder kostenlosen Duschen. Doch nach einem Sommer mit beengten Wohnverhältnissen beschloss ich, nach Kalifornien zurückzukehren. Aus meiner Sicht war Chris lediglich ein Freund und ich fühlte mich eingeengt.

Ich danke Gott jeden Tag für seinen göttlichen Schutz in dieser Lebensphase, auch wenn ich weit von ihm entfernt war. Bis auf das Surfen gab es damals nur wenige Konstanten in meinem Leben und es würde zu nichts führen, meine dummen Entscheidungen einzeln aufzuführen. Es genügt an dieser Stelle zu sagen, dass ich in den darauffolgenden Jahren von Kalifornien nach Oahu, von dort nach Maui und dann zurück nach Kauai hüpfte. Für gewöhnlich hatte ich normalerweise etwas Bargeld und ein paar Habseligkeiten dabei und mein Programm bestand aus Surfabenteuern.

Unterwegs holte ich mir reichlich Herzschmerz ab, Wunden sowie Reue- und Schuldgefühle. Diese Regungen stopfte ich in die untersten Nischen meiner Seele. Doch sie heilten nicht, sondern schäumten später auf und brannten wie Säure. Das sprichwörtliche Loch in meinem Herzen wurde immer größer. Viele Freunde von mir tauchten angesichts der Sinnlosigkeit ihres Lebens kopfüber in Alkohol oder Drogen ein, während mir das Surfen für eine Weile die Leere ausfüllte.

Gewissermaßen wurde mir das Surfen zur Droge. Ich lebte für den Adrenalinschub, wenn ich über die Wellen flog. Ich lebte für die Herausforderung, immer größere Wellen zu erwischen. Und ich vergaß meine Sorgen in meiner Erschöpfung am Ende des Tages in meinem Paradies voller Regenbogen.

Als ich schließlich wieder auf Kauai landete, lebte ich wieder in einem Kombi – nicht mit Chris, sondern mit einem anderen Typen in einer sehr ähnlichen Beziehung.

Derweil wurde aus Tom ein bekannter Surfer im Lineup* von Kauais North Shore. Doch im Gegensatz zu mir war er solo. Da so viele männliche Surfer nach Hawaii auswanderten, war das Zahlenverhältnis Männer: Frauen in unserer Altersgruppe (unter 35) so unausgeglichen, dass viele einsame Kerle Kauai auch als „Mönchsinsel" bezeichneten.

Tom hatte sich einen tollen Job als Bankettkellner im Kauai Surf – heute das Marriott Hotel – geangelt. Das einzige Problem war, dass er am North Shore wohnte und das Hotel in der Stadt lag, was eine ganz schöne Entfernung war, vor allem mit Toms VW-Bus, der nicht immer lief.

Erstmals fiel Tom mir ins Auge, als er in Pine Trees auf den unbefestigten Parkplatz fuhr. Eigentlich fiel mir sein Auto auf, ein sauber wirkender VW-Campingbus. Mein Interesse an Autos kam von dem Nebenjob meines Vaters bei einem Autohändler, als er fast jeden Abend mit einem neuen Wagen heimkam.

Wegen des Autos riskierte ich einen zweiten Blick, diesmal aber auf den gut aussehenden Surfer.

Tom kannte „meinen Freund" und wir verbrachten den Tag gemeinsam beim Surfen. Als erstes fiel mir an Tom auf, dass er mit dem rechten Fuß vorne auf dem Brett stand (was man als „goofy" bezeichnet). Alle Männer, für die ich je geschwärmt hatte, waren „Goofyfüßler" – also dachte ich bei mir: *Oh-oh, was hat das denn zu bedeuten?*

Außerdem fiel mir auf, dass er ziemlich gut surfen konnte, vor allem in großen Wellen.

Meine Lebensbedingungen hatten sich zwischenzeitlich dahin gehend gebessert, dass ich in einem Haus wohnte und etwas Anständiges kochen konnte. Darum luden wir Tom manchmal nach dem morgendlichen Surfen zum Frühstück ein. (Er sagt noch immer, mein Frühstück geht so einigermaßen.)

Vom ersten Tag an fühlte ich mich stark zu ihm hingezogen, doch Tom ging davon aus, ich sei in einer festen Beziehung.

Es war kompliziert.

Ich war nämlich kurz davor, die Beziehung zu beenden. Ein Teil von mir wusste vielleicht schon, dass ich bereits am Ausbrechen war und nur noch so tat als ob. Bereits seit Längerem hatte ich gedroht, die Beziehung zu beenden, doch mein Gefährte bekam es offenbar immer wieder hin, dass ich noch etwas länger blieb.

Wir wohnten zwar jetzt in einem Haus, aber ich brauchte etwas Eigenes. Ich zog aus und mietete mir ein Zimmer. Ich suchte mir einen Job. Es war ein erhebendes Gefühl!

Dann fragte Tom, ob ich mit ihm ausgehen würde.

Ich war gespannt und zuversichtlich; ich fühlte mich geschmeichelt und war richtig aufgeregt. Mein Interesse an ihm war im Laufe der Monate stärker geworden, je besser wir uns kennenlernten. Als er herausfand, dass ich mit dem anderen Schluss gemacht hatte, witterte er seine Chance.

Es war eine stürmische Romanze ... oder vielleicht lag es am Verzehr der psychedelischen Pilze an unserem ersten Abend, dass wir gleich danach zusammenzogen. Im Gegensatz zu allem anderen, was ich bisher erlebt hatte, war ziemlich offensichtlich, dass aus dieser Beziehung etwas Ernstes würde.

In mir ging etwas Seltsames vor, das ich nicht richtig erklären kann: Ich wollte mit Tom eine richtige Beziehung haben, bevor er mir einen Heiratsantrag machen würde. Etwas in mir sehnte sich nach Anständigkeit, also sagte ich Tom, ich wolle mir selbst etwas mieten. Ich zog mit einer Surfer-Freundin namens Loli zusammen.

Auf das, was mir dann bevorstand, war ich nicht gefasst gewesen.

Loli war eine frischgebackene, glühende Christin und begeistert von ihrem neuen Glauben. Sie war jeden Morgen um 5 Uhr auf und las Bibel. Das weiß ich bloß, weil ich jeden Morgen um 5 Uhr auf war, um surfen zu gehen. Sie lud mich in die Gemeinde ein, aber ich gab ihr jedes Mal einen Korb. Allerdings konnte ich nicht verhindern, dass ihre Worte und ihr Vorbild die geistlichen Samen wässerten, die die Emmanuel Ferienbibelschule vor so vielen Jahren in mein Herz gepflanzt hatte.

Tom machte mir an meinem Geburtstag – der auf den Valentinstag fällt – einen Heiratsantrag. Ich brach noch im Restaurant in Tränen aus. Wir heirateten am 25. August 1979 mit einem sehr lustigen, entspannten Inselfest mit Ukulelen, Volleyball, selbst gemachtem *Lilikoi*-Saft, einem selbst genähten Hochzeitskleid und einem Aloha-Hemd, das ich Tom aus weißem Satin genäht hatte. Zu unserem Festessen brachte jeder etwas mit und dazu gab es Truthahn aus dem Imu, einem Erdbackofen.

Der Tag war in jeder Hinsicht perfekt und wunderschön und ganz nach unserem Geschmack. Doch wenn eine Dünung* gekommen wäre, hätten wir das Ganze wahrscheinlich verschoben und wären surfen gegangen!

Unsere Trauzeremonie wurde in Hanalei direkt am Strand von einem kettenrauchenden katholischen Priester durchgeführt. Eine ganze Weile beharrte Toms Mutter darauf, wir wären gar nicht richtig verheiratet, denn wir hätten unsere Ehegelübde nicht in einem geweihten Kirchenraum gesprochen. (Wir versicherten ihr, der Priester habe uns gesagt, Strandhochzeiten gelten auf Hawaii.) Ich weiß noch, dass Loli uns aus 1. Korinther 13 vorlas, dem biblischen Kapitel über die Liebe. Ich hatte es nie zuvor gehört und staunte, dass in der Bibel so etwas Schönes stand.

Viele verbringen ihre Flitterwochen auf Hawaii, doch wir flogen nach New Jersey. Wir wohnten bei Toms Eltern in dem Haus, in dem er aufgewachsen war, was nicht der Honeymoon Suite entsprach, die ich mir erträumt hatte.

Als wir nach Kauai zurückkamen, hüteten wir sechs Wochen lang ein wunderschönes Haus von Freunden in Moloaa, ganz nah am Strand. Das wurden unsere richtigen Flitterwochen, aber beinahe wäre es auch eine ganz kurze Ehe geworden. Als Tom die Gaszündflamme ansteckte, gerieten seine Haare in Flammen und er wurde durch die Küche geschleudert!

Als die Flitterwochen vorüber waren, zogen wir in unser neues Zuhause: einen VW-Van.

Verdrehen Sie ruhig die Augen (ich kann Sie nicht sehen). Ich wäre gerne Ihre typische junge Braut gewesen, die es nicht abwarten kann, in ihrem neuen Nest farblich alles aufeinander abzustimmen und Kochrezepte auszuprobieren. Doch in Wirklichkeit stand mir der Sinn nur nach Surfen.

Wir arbeiteten beide im selben Hotel und hatten denselben Dienstplan. Durch das Leben im Van sparten wir Geld, und wenn wir freihatten, streiften wir am North Shore entlang auf der Suche nach nicht überlaufenen Wellen. Das Problem war nur, dass unser *Hale* auf Rädern – unser Van – dauernd Pannen hatte. Jedes Mal, wenn Ross, der Automechaniker, ihn repariert hatte, war etwas anderes kaputt. Als wäre das dumme Ding verflucht!

Wenn ich jetzt zurückblicke, glaube ich, dass der Van in Wirklichkeit eher gesegnet war. Ich weiß nicht, ob Gott wirklich so weit gehen würde, sich mit einem VW-Mechaniker einzulassen, doch ich glaube, das tat er! Was für Tom und mich sehr ärgerlich war, führte uns zu Christus.

Drei ungleiche Persönlichkeiten, alle drei Surfer, wirkten dabei mit, Tom und mich an den Ort zu bringen, an dem Gott uns haben wollte. Die drei bewohnten ein Haus in Wailua im Osten von Kauai.

Einer trug den Spitznamen „Creature" wegen seines Wagens, „The Creature Mobile" (eine alte Kiste, voll beklebt mit Plastikfiguren), und er zeichnete sich dadurch aus, dass er wegen eines Abenteuers unter Drogeneinfluss schon mal in die Klapsmühle gekommen war. In seiner Verwirrung hatte er sich für Johannes den Täufer gehalten, war in den Gottesdienst marschiert, hatte sich das Mikrofon geschnappt und versucht, Jünger zu bekommen. (Er scherzt damit, dass er keine Jünger im Gottesdienst gewann, aber jede Menge in der Psychiatrie.)

Creature war erst nach Santa Cruz, Kalifornien, ausgewandert, wo er rasch eine feste Größe in der dortigen Surfgemeinde wurde. Damals hatte er sich mit Michel Junod, einem der drei Zimmergenossen und (bis heute) hoch angesehenen Surfbrettbauer und Surfer sowie gelegentlich erfolgreichen Wettkampfteilnehmer, angefreundet. Die beiden wanderten schließlich an die Nordküste von Oahu aus und surften lange die massiven Tubes* der Banzai Pipeline und anderer Spots* für waghalsige Big Wave Surfer*, bevor sie sich eine Wohnung auf Kauai nahmen.

Der dritte Zimmergenosse war Mark Nakatsukasa, ein spindeldürrer Weltenbummler, der mit seinem VW-Bus durch Mexiko und Mittelamerika gereist war, immer hinter perfekten, unentdeckten Wellen her. Dieses Abenteuer brachte seine Fähigkeiten beim Reparieren von Autos voran. Wann immer unser Van reparaturbedürftig war (ständig), setzten wir uns auf die Wiese und tauschten mit Mark Surfgeschichten aus, während er an unserem Bus werkelte. Tom und ich wussten allerdings nicht, dass sich in Marks Innern eine turbulente Revolution abspielte.

Der sorglose Mark, wie wir ihn wahrnahmen, war reine Fassade. Insgeheim rang er mit einer tiefen Leere, die er mit Wellen, Abenteuern und Drogen zu füllen versuchte. Nichts bewahrte ihn vor der bedrückenden Verzweiflung, die Tag für Tag schwer auf ihm lastete; niemand ahnte, dass er vorhatte, sich umzubringen.

Mark war ein paar engagierten Christen begegnet, die aus irgendeinem lästigen Grund beschlossen hatten, Mark, Creature und Michel zu ihrem Gebetsanliegen zu machen. Diese Gruppe bezeichnete die drei surfenden Zimmergenossen als „Mission Impossible": *für den Menschen unmöglich, für Gott jedoch möglich.*

Mark wurde allmählich sauer, sich dauernd Zeugnisse anhören zu müssen, daher schnappte er sich eines Tages eine Bibel, um auf ihren eigenen Seiten Munition zu finden, mit der sie sich selbst widerlegte. Wie bei vielen anderen, die ebenso begannen, war das Ergebnis ganz anders als das ursprüngliche Ziel. Kurz darauf brach sich auch bei Michel und Creature der Glaube Bahn und die drei neuen Gläubigen stellten alles auf den Kopf.

Ross, der uns normalerweise half, unseren Van zu reparieren, war mit seinem Latein am Ende und verwies uns mit unserem kaputten Van an Mark. Schließlich lud Mark uns ein, unseren Wagen in seiner Auffahrt abzustellen, damit er ihn reparieren konnte, da wir zwei Wochen lang keine Arbeit hatten und sowieso praktisch schon dort wohnten.

Wir wohnten seit vier Monaten in unserem Fahrzeug und fanden es schön, uns in ein richtiges Haus zurückziehen zu können. Bei den drei Typen lagen viele Traktate und Comics mit christlichen Botschaften herum. Erst schreckte mich das ab, doch schließlich nahm ich ein Büchlein zur Hand. Mich faszinierte, dass Jesus über 300 Prophezeiungen erfüllte – über sein Leben und seine Aufgabe, uns in eine richtige Beziehung zu seinem Vater zu bringen.

Creature, Michel und Mark waren beflügelt von ihrer neuen Beziehung zu Jesus. Ich erinnere mich nicht, dass mich das abgestoßen hätte. Creature erzählt lachend, dass er wochenlang in seiner überenthusiastischen Art auf uns „eingehämmert" hätte, wie es sich heutzutage viele Menschen verbitten würden. Die Begeisterung hatte mich aufmerksam gemacht. Es war, als lausche man leidenschaftlichen Berichten über euphorische Surferlebnisse. Tom hielt sie für verrückt – „Bonzai" für Jesus.

Etwas tief in mir sprach darauf an. Mein Geist wurde wach für eine Wahrheit, von der ich mich nicht abwenden konnte.

Als Tom und ich bei den Dreien wohnten, hörten sie in der ersten Zeit dauernd eine Platte von Frank Zappa mit seinen berühmt-berüchtigten Texten. Offenbar erkannten sie keinen Konflikt zwischen dem, was aus ihren Lautsprechern scholl und dem neuen Leben, das sie verkündeten. Ich jedoch sehr wohl. Darauf sprach ich sie an.

„Wenn ihr doch Christen sein wollt, warum hört ihr euch denn so etwas an?" Ich fragte ganz ernst, denn ich hielt es für wichtig. Ihnen muss es auch eingeleuchtet haben, denn in Windeseile hatten sie neue Alben. (Mark ging so weit und zerbrach die anstößigen Platten, damit er nicht in Versuchung geriete, sie abzuspielen.) Die meiste Musik wurde von jungen christlichen Künstlern ersetzt. Keith Green ersetzte Frank Zappa.

Musik zu hören, die sich um Gott und sein Wort drehte, verstärkte meine Leidenschaft für Musik, die bereits stark gewesen war und die ich meinen Kindern weitergegeben habe. Diese Erfahrung führte mich zu der bedeutendsten Entscheidung meines Lebens. Ich betete zu Gott um eine persönliche Beziehung zu Jesus Christus. Jetzt glaubte ich, er hatte für meine Sünden bezahlt, als er am Kreuz starb und von den Toten auferstand; dass er den Tod überwunden hatte und eines Tages wiederkehren würde, damit ich immer und ewig mit ihm leben könnte.

Ich erinnere mich bis heute, wo ich war, als ich Christus mein Leben übergab. Ich stand in Marks Auffahrt neben unserem weißen VW-Van. Es war der Beginn einer Beziehung mit dem Gott, der schon mein ganzes Leben lang um mich geworben hatte.

Tom und ich gingen von da an zu Hausbibelkreisen in Kalaheo. Der erste war bei Tim Huggins, der dort einen Surfshop hatte und dessen Laden auch eine kleine christliche Buchhandlung beherbergte. Diese Bibelkreise richteten sich an Leute wie uns und hatten nichts mit der typischen Kirche gemein.

Meinem geistlichen Leben stand noch sehr viel Wachstum bevor. Ich wusste bloß: „Jesus liebt mich, ganz gewiss."

In der Bibel zu lesen – dafür sah ich keinen Grund. Das hatte ich wahrscheinlich aus dem Umfeld, in dem ich aufgewachsen war; jedenfalls betrachtete ich die Bibel als das letzte Buch, das ich je lesen wollte.

Nach sechs Monaten als Christin merkte ich, dass ich Gott besser kennenlernen musste, indem ich sein Wort las. Also ging ich in den christlichen Buchladen *Lihue Surf and Bible* und kaufte mir eine Bibel.

Da Toms Eltern so religiös waren und er auf eine Konfessionsschule gegangen war, war er mit der Bibel und der Vorstellung von der Erlösung durch Christus vertraut. Er hielt sich sogar für einen „Christen". Doch erst an dem Tag, als er mit Rick Irons in der Surfbrettwerkstatt stand und fragte, warum Rick die kleinen Fische aufmalte, verstand Tom, dass lebendiges Christentum eine *Beziehung* zu Christus ist und nicht, sich mit dem Intellekt Glaubenssätzen zu verschreiben. Es war nicht nur Wissen, es war eine Beziehung.

Ja, er stand zu mir und bejahte meine Entscheidung, Ja zu Christus zu sagen, doch erst, als wir die Bibelstunden besuchten, kam er zu der Entscheidung, seinem Egoismus den Rücken zu kehren und sich Gottes bedingungsloser Liebe zuzuwenden.

Einmal, am Ende einer Stunde, traf Tom ganz hart, was der Sprecher gesagt hatte. (Tom sagt: „Gott machte mich kaputt.") Plötzlich brach er zusammen, was eine emotionale Reaktion auf seine Übergabe an Christus war. Er wusste, dass er jetzt, nach so langer Zeit des Abwartens an der Schwelle, ein neues Leben in Christus begann.

Um seine Entscheidung zu bekräftigen, ließ Tom sich nach der Bibelstunde in der Badewanne taufen. Fast alle Gemeinden auf Hawaii nutzen dafür zwar den warmen tropischen Pazifik, doch Tom wollte seinen Glauben unmittelbar zeigen, indem er sich noch am selben Abend taufen ließ.

Als Tom und ich in unser neues Leben hineinwuchsen, merkten wir erfreut, dass das Netz an christlichen Surfern tiefer und weiter war, als wir bislang gewusst hatten. Es stellte sich heraus, dass es viele andere junge Menschen gab, die wie wir waren und zum Glauben gefunden hatten; es waren Menschen, die Liebe, Sinn und ein Leitbild für ihr Leben suchten. Wenige von uns hatten Verwandte in der Nähe, doch jetzt hatten wir Geschwister.

Mitunter war es auch ein Kampf, mir Freigeist christliches Leben verständlich zu machen. Ich erinnere mich noch an meinen ersten Sonntagsgottesdienst, nachdem ich errettet worden war. Der Pastor sagte, Christen dürften kein Pot rauchen. *Ich wollte mir nicht sagen lassen, was ich zu tun hatte!*

Im Wesentlichen wollte ich die Kontrolle über mein Leben behalten. Es war ja ganz nett, Jesus einzuladen, sich auf die Couch meines Herzens zu setzen, doch sollte er bloß keine Möbel umrücken oder in den dunklen Ecken herumstochern. Der Heilige Geist brauchte eine ganze Weile, um mein Leben umzukrempeln. Es war mühsam, weil ich viele Jahre lang getan hatte, was ich wollte, ohne jemandem Rechenschaft abzulegen. Ich musste damit zurechtkommen, dass Jesus nicht nur mein Erlöser war, sondern auch mein *Herr.*

In den ersten Monaten unserer Ehe lebten Tom und ich in unserem Van, surften, gingen zu Bibelstunden, hingen mit anderen Surfern ab, die wie wir Christus kennengelernt hatten, und gingen sonntags in die *Garden Island Christian Fellowship* in Hanalei.

Neue Dünungen* kamen am Horizont auf ... Michel verbrachte einige Zeit als Missionar in Südamerika, bevor er wieder nach Santa Cruz, Kalifornien, zog, wo er wunderschöne Surfbretter herstellt. In der Welt der Surfbretthersteller ist er eine Ikone, doch er gibt Christus allein die Ehre.

Creature gründete die *Kauai Christian Fellowship*, die bekannt wurde für ihre innovative Jugendarbeit und Musik.

Mark Nakatsukasa verbrachte etliche Jahre als Leiter einer Bibelschule von *YWAM* (Youth With A Mission – Jugend mit einer Mission), bevor er nach Thailand ging, wo er derzeit ein Waisenhaus leitet, das nach dem Tsunami 2005 in einem überwiegend von Moslems bewohnten Gebiet errichtet wurde.

Tom und ich ahnten nicht, dass Gott einen Weg für uns bereitet hatte, der uns durch Verlust und Schmerz führen würde, bis hin zu einer Stelle, von der aus wir der Welt von seiner Liebe und Erlösung berichten könnten.

# Kinder auf Kauai
# zu Christen erziehen

*„Ich aber und meine Familie,*
*wir wollen dem Herrn dienen."*
JOSUA 24,15 (HFA)

Ich war im achten Monat schwanger, als ich mich der Tatsache zu stellen hatte, dass ich mit dem Surfen aufhören musste. Ich schaffte es nicht mehr, obwohl ich ein längeres Board benutzte und meinen Badeanzug sogar mit Schaumstoff polsterte, damit ich beim Paddeln nicht von meinem wachsenden Bauch rutschte.

Ich hatte immer gesagt, ich würde niemals Kinder bekommen. Ich dachte, sie würden mich bloß vom Surfen abhalten.

Die Liebe änderte meine Meinung.

Zu Beginn meiner Schwangerschaft hatte das County unsere illegale, knapp vier mal vier Meter große Hütte, die wir unser Heim nannten, enteignet. Wir wollten nicht mehr in unserem Van leben, da jetzt ein Kind unterwegs war, und mussten daher rasch eine neue Unterkunft finden. Als die Tage dahinzogen, war ich frustriert darüber, dass sich mein Mann nicht so um seine schwangere Frau kümmerte, dass er an jede Tür klopfte, es überall kundtat oder was auch immer, damit er ein neues Zuhause für uns fände.

Gott hatte mich dahin gehend bearbeitet, dass ich beschloss, etwas anderes zu versuchen, als ihn zu nerven – was sowieso nicht funktioniert hatte. Anstatt Tom damit auf den Wecker zu fallen, dass er ein Haus für uns suchen sollte, beschloss ich, Gott auf den Wecker zu fallen.

An dieser Stelle meines Lebens als Christ war ich noch immer dabei, Beten zu lernen – ich wuchs in meinem Gebetsleben und lernte, wirklich mit Gott zu reden und ihn um Hilfe zu bitten, ihm die Situationen zu überlassen, anstatt die Dinge zu verschlimmern, indem ich mir Sorgen machte.

Als Tom und ich uns in die Bibel vertieften und mitbekamen, wie andere Paare in unserem Alter Familien gründeten, wurde mir klar, dass Kinder eine gute Gabe direkt von Gott sind, vor allem, wenn ich Bibelstellen las wie: „Auch Kinder sind ein Geschenk des Herrn; wer sie bekommt, wird damit reich belohnt" (Psalm 127,3; HFA).

Also bat ich Gott, uns zu helfen, ein neues Zuhause zu finden.

Kaum hatte ich mein Gebet beendet, platzte mein Mann mit der tollen Neuigkeit zur Tür herein: In Hanalei war ein Haus zu vermieten, direkt am Strand, fußläufig von unseren Lieblings-Surfspots* entfernt. Die Toiletten waren sogar innen! Ich sah nach oben, dankte und staunte über eine so rasche Antwort auf mein Gebet.

„Ich habe den Vermieter angerufen, wir können rein!", sagte Tom.

Beten wirkt – das hat unsere Familie erfahren. Gott hört das Rufen unseres Herzens und wirkt so, dass seine mächtige Hand erkennbar ist – wodurch wir ihn umso mehr loben.

Ich erinnere mich daran, wie Tom einmal vom Dach gefallen war. Das Hotel, in dem Tom arbeitete, wurde wieder einmal renoviert und Toms Freund beschaffte ihm eine Stelle als Dachdecker. Sie ersetzten gerade Holzschindeln auf einem einstöckigen Haus, als Tom ausrutschte und über den Rand schlitterte. Er war so geistesgegenwärtig, sich vom Rand abzustoßen, um nicht genau darunter zu landen, doch er kam hart in der Hecke auf.

Im Krankenhaus hieß es, er habe einen Beckenbruch und müsse mit dem Ambulanzhubschrauber nach Oahu – ein Flug von 160 Kilometern, der in den besten Zeiten holprig und rau ist. Sogleich versammelte sich unsere Gemeinde zum Gebet, genau wie viele Freunde von uns in anderen Gemeinden auf der ganzen Insel.

Mitten im Flug sagte Tom, seine Schmerzen würden gerade durch ein Wärmegefühl ersetzt. Als er in Oahu ankam, erklärte ihm ein erstaunter Arzt, der die neuen Röntgenaufnahmen von seinem Becken untersuchte, dass sich die Knochen irgendwie selbst wieder eingerenkt hätten. Tom verweist auf die inbrünstigen Gebete für seine Heilung.

Nach zwei Jahren Ehe kam unser erstes Kind Noah zur Welt. Ich glaube, was mich am meisten beim Kinderkriegen überraschte, war die unglaubliche, überwältigende Liebe, die ich auf den ersten Blick zu diesem kleinen Wesen empfand. Ich hatte es nicht erwartet, doch diese explosive Liebe entwickelte ihre ganze Kraft in dem Augenblick, als mir Noah in den Arm gelegt wurde.

Als Noah etwa drei Jahre alt war, schloss das Hotel, in dem Tom und ich arbeiteten, für ein paar Monate wegen Renovierungsarbeiten. Das Geld war knapp, aber wir kamen irgendwie über die Runden. Als das Hotel schließlich wieder aufmachte, waren vier von uns acht Bankettkellnerinnen schwanger. Ich war eine davon. Offenbar hatten wir in unserem Urlaub zu viel Zeit gehabt.

Das einzig Holprige auf dem Weg bei meiner zweiten Schwangerschaft war, dass wir aufgrund unserer arbeitsfreien Zeit während der Renovierungsarbeiten nicht krankenversichert waren, als Timmy zur Welt kam. Um die Krankenhauskosten zu sparen, entschlossen wir uns zu einer Hausgeburt mit einer Hebamme und einem Arzt dabei. Nach kurzen Wehen wurde unser zweiter Sohn Timmy geboren. Doch da er Gelbsucht hatte, landeten wir schließlich doch im Krankenhaus.

Ich weiß noch, wie ich mal gedacht hatte, ein Kind würde mir reichen, denn ich hätte nie genug Liebe für zwei. Als dann Timmy auf die Welt kam, merkte ich, dass Gott mir das Herz erweitert hatte, um beide Kinder mit derselben Intensität zu lieben. (Allerdings muss ich gestehen: Wir waren so entzückt von unserem neugeborenen Timmy, dass wir Noah einmal aus Versehen in der Sonntagsschule vergaßen. Als wir daheim waren, fragte Tom: „Wo ist denn Noah?" Beschämt rasten wir zur Kirche zurück. Noah seinerseits spielte schön und hatte uns gar nicht vermisst.)

Es war schon eine Herausforderung, sich an unseren neuen Lebensabschnitt zu gewöhnen.

Nachdem ich ein paar Monate mit dem Säugling zu Hause geblieben war, musste ich wieder arbeiten gehen. Da Tom und ich im selben Hotel als Bankettkellner arbeiteten, konnten wir unsere Arbeitszeiten so legen, dass einer vormittags arbeitete und der andere abends. Wir sahen uns praktisch nur noch, wenn wir die Kinder wie kleine Football-Bälle übergaben. Doch angesichts unserer Arbeitszeiten kamen wir mit wenigen Babysittern zurecht.

Da wir so nah am Strand wohnten, beobachtete ich jeden Tag mit meinen Jungs die perfekten Wellen; und wenn meine Freunde zum Surfen hinauspaddelten, hatte ich zugegebenermaßen meine Probleme damit. Damals war mir nicht bewusst, dass Gott Kinder gebraucht, damit wir „uns selbst sterben". Ich lernte das in kleinen Dosen, durch kleine Opfer und tägliches Üben in Geduld. Die Liebe motivierte mich, mein Leben, meine persönlichen Interessen zum Wohle meiner kleinen Jungen niederzulegen.

Für alle jungen Eltern ist es wahrscheinlich ein Schockerlebnis, wie ein Neugeborenes den alten Lebensrhythmus durcheinanderbringt. Da ich mich ohnehin an die zweite oder dritte oder gar letzte Stelle setzen musste, konnte ich Tom ermuntern, ein bisschen surfen zu gehen, wann immer er eine Pause hatte. Gelegentlich, wenn die Zeit es erlaubte, ging ich auch hinaus zum Surfen.

Da wir nun ein richtiges Haus hatten – und nicht bloß eine Hütte –, traf mich heftig die Erkenntnis, dass mich das Leben in Vans und Autos nicht besonders auf ein Dasein als tüchtige Hausfrau vorbereitet hatte, vor allem, als ich mich zum ersten Mal um ein Neugeborenes kümmern musste. Daher entwickelte ich einige sonderbare Hausputzstrategien, die ich noch heute anwende und die ich auch meinen Kindern beigebracht habe. Eine kann man nur als das berühmt-berüchtigte Wäschekorb-Aufgreifsystem bezeichnen.

Wenn überall im Haus Sachen verstreut waren – das Spülbecken randvoll mit Geschirr, Kleidung und Babyzeug auf Couch und Fußboden verteilt – und jemand zu Besuch vorbeikam, rief ich „Einen Augenblick, bitte!", übergab Tom das Baby und schnappte mir einen Wäschekorb. Dann raste ich durchs Haus, stopfte Sachen in den Korb, egal was, trug den übervollen Korb mit Beweisstücken für das Durcheinander ins Bad und verstaute ihn hinter dem Duschvorhang. Dann rannte ich an die Tür, öffnete sie und hatte dem Gast ein hübsches, wohlgeordnetes Wohnzimmer vorzuweisen.

Ich kann sehr wohl eine hervorragende Hausfrau sein, aber wenn Sie uns je besuchen kommen, werden Sie das womöglich nicht glauben. Anscheinend rennen wir dauernd zur Tür hinaus, um Wellen zu erwischen, in die Kirche zu gehen, zur Schule oder Arbeit zu fahren oder auf ein neues wildes Abenteuer zuzusteuern. Es bleibt wenig Zeit, den anderen hinterherzuräumen – und mir selbst!

Als wir erst ein Kind hatten, dann zwei und schließlich drei, war ich so vereinnahmt von dem Versuch, das Durcheinander zu beseitigen, dass ich mir Maßnahmen einfallen ließ, alle mithelfen zu lassen. Als die Kinder noch klein waren, dachte ich mir etwas aus, damit sie wenigstens etwas von ihrem Kram aufhoben, was ich als

Spiel tarnte. Ich sagte ihnen, dass es Zeit war für ein „10 Teile aufheben und wegräumen"; dann rannten wir alle umher und trugen einen Teil des Durcheinanders ab. Als die Kinder älter wurden, erhöhte ich die Anzahl der Sachen auf „100 aufladen und wegräumen"! Natürlich haben sie gemault, wenn ich verkündete, es sei Zeit für das „100 Aufladen und Wegräumen"-Spiel, aber wir konnten alle das Ergebnis sehen, wenn wir in einer erdrückenden Situation zusammenhielten.

Ehrlich gesagt leben wir die meiste Zeit in einem unordentlichen Haus. Jeder muss Prioritäten setzen; alles zu organisieren und einen Platz für jedes Teil zu haben steht nicht sonderlich weit oben auf meiner Liste. Außerdem fällt es mir, wenn ich sehr beschäftigt bin, viel schwerer, Ordnung zu halten.

Darum habe ich Tom dieses Jahr anderthalb Monate nach Weihnachten noch ein Geschenk gegeben. Es war nicht das erste Mal, dass ich ein Versteck für ein Weihnachtsgeschenk vergessen hatte und es wiederfand, als ich endlich mal den einen oder anderen Schrank aufräumte. In der Familie kursiert der scherzhafte Spruch: Je mehr Mama beschäftigt ist, desto eher kann das ganze Jahr Weihnachten sein!

So viel zum Thema Geldsparen.

Mit zwei Kindern entschlossen wir uns zu einem Umzug in ein größeres Haus am Hanalei. Ich habe noch lebhaft in Erinnerung, wie Tom Noah beibrachte, in dem Fluss nach Buntbarschen zu angeln. Das waren tolle Zeiten. Unser Zuhause war winzig. Es war die alte einwandige Bauweise, keine Trockenbauwände, einfach nur angestrichenes Holz. Es hatte ein rostiges Blechdach, auf dem der Regen wie Tausende winzige Trommler klang. Uns gefiel es dort sehr.

Was uns an Geld mangelte, hatten wir im Überfluss an Naturschönheit und einfachem Lebensstil, nach dem sich viele Menschen sehnen. Hier ein Schnappschuss unseres „Landlebens auf Hawaii": Von Bäumen „tröpfelten" Früchte, Fische bevölkerten die Flüsse und das Meer, makellose Wellen für astreine Pointbreaks*. Wenn wir aus dem Haus traten, sahen wir die smaragdfarbenen Klippen, die sich bis zu den Wolken reckten und von denen Wasserfälle ins Tal hinabstürzten. Das war nur der eine Anblick. Der andere war der Fluss gegenüber, der sich mit dem türkisblauen Ozean vereinte, auf dem Surfer anmutig über die Wellen glitten.

Da Tom und ich solche Wasserratten waren, sorgten wir dafür, dass aus unseren Kindern Wasserflöhe wurden. Wenn man auf einer Insel lebt, ist es sowieso angeraten, die Kinder so früh wie möglich daran zu gewöhnen. Zwei Jahre lang – als Noah ein bis drei Jahre alt war – lebten wir in einem Haus am Strand. Ich hatte große Sorge, dass dieser freiheitsliebende Racker das Wasser genießen könnte, wenn ich nicht hinschaute. Also entschloss ich mich zu einer erzieherischen Maßnahme mit großen Wellen, um ihm Respekt vor dem Ozean beizubringen. Ich nahm ihn an die Hand und wir standen am Meeresufer, während die Wellen gegen uns krachten. Er kam damit zurecht, weil ich ihn festhielt. Er ging nie, niemals ohne Mama oder Papa ans Wasser!

Noah war vier Jahre älter als Timmy und es dauerte nicht lang, bis wir ihn im seichten Wasser nahe der Hanalei Pier auf ein Surfbrett stellten, bis er aufrecht stehen konnte. Was war ich doch für eine zufriedene Mama!

Jedes unserer Kinder lernte früh schwimmen. Tom und ich nahmen sie oft mit in den Pool von Freunden oder ins Meer. Wenn ein Kind lang genug in der Nähe des Wassers war und es genießt und so damit vertraut ist, dass es keine Angst hat, dann ist es einfach, ihm die Grundzüge des Schwimmens beizubringen. All unsere Kinder haben wir in den hiesigen Schwimmkurs gesteckt, kaum dass sie drei waren.

Dennoch sollten Eltern nie aufhören, wachsam zu sein, denn diese väterliche Aufmerksamkeit rettete Timmy das Leben, als er etwa dreieinhalb Jahre alt war. Tom und ich waren mit den Jungs zur Hanalei Pier gefahren, um sie auf den Ankle-Slapper-Wellen* surfen zu lassen. Ich ging surfen; Tom saß im Auto und Bethany schlief in ihrem Kindersitz. Die Jungs teilten sich ein Surfbrett, während Tom, der nahe am Pier geparkt hatte, sie über eine Surfzeitschrift hinweg beobachtete.

Nachdem Noah das Surfbrett fast eine ganze Stunde lang mit seinem kleinen Bruder geteilt hatte, wollte er es schließlich ganz für sich und schickte den Kleinen zurück zum Strand. Das Wasser war seicht genug, dass Timmy darin laufen konnte, doch wenige Meter vom Strand entfernt hatte sich eine Riptide* gebildet, die parallel zum Strand entlangraste und einen tiefen Kanal grub. Timmy, der bis zur Brust im seichten Wasser watete, trat genau hinein und wurde weggeschwemmt.

Tom blickte gerade rechtzeitig auf, um seinen jüngsten Sohn auf den Pier zuschießen zu sehen, die kleine Hand in einer universalen Hilfe suchenden Geste nach oben gereckt. Dabei fing der ruhige, friedliche Timmy nicht an zu schreien; er hielt lediglich den Kopf über Wasser. Tom war schon aus dem Wagen und rannte auf den Pier, als er Timmy zwischen den Pfählen auf die andere Seite zur weiten Bay hinausschießen sah. In vollem Lauf sprang Tom vollständig bekleidet vom Pier, tauchte ins Wasser und konnte Timmy gerade noch schnappen, bevor er unter Wasser verschwunden wäre.

Die Gemeinde, zu der wir gehörten, begann zu wachsen, als noch mehr Menschen gläubig wurden und wir zu geistlich gesunden Familien zusammenwuchsen. Gottes Wort wurde zum Rückgrat unseres Lebens, denn wir waren mit vielen begnadeten Bibellehrern gesegnet, die die Inseln besuchten. Wir haben ausgesprochen gern gemeinsam Jesus gefeiert. Der Kirchgang war nie eine Pflicht, er war eine Leidenschaft und ein natürlicher Bestandteil unseres Lebens. Wenn das Wort Gottes zu einem Herzen spricht, wird es real und persönlich und hilft, dass man zu ihm hinwächst und ihm das Leben anvertraut.

Da unsere Kinder jetzt erwachsen sind, und vor allem, da Bethanys Geschichte so viel öffentliche Aufmerksamkeit erregte, ist es nichts Ungewöhnliches, dass uns Leute nach unserem Geheimnis fragen, wie wir es geschafft haben, dass unsere Kinder nicht gegen ihren Glauben rebellierten. Sie wollen wissen, nach welchem Erziehungsrezept wir vorgegangen sind, dass Bethany mit einer solchen Belastbarkeit und Ausdauer ihr Comeback nach diesen tragischen Umständen schaffte.

Zuallererst sage ich immer, es ist nur der Gnade Gottes zu verdanken, dass sich unsere Kinder genau so entwickelt haben. Mein großes Geheimnis der Kindererziehung: die Heilige Schrift. Sie enthält die hervorragendste Vorlage, nach der wir unser Leben gestalten können. Doch nach einigem Nachdenken und Besprechen mit Tom und den Kindern denke ich, dass es einige persönliche Dinge gab, die wir richtig hinbekommen haben. Es waren Schlüsselfaktoren, die zur Entwicklung unserer Kinder beigetragen haben.

Der erste Schlüssel ist, dass eine stabile Ehe zu einer stabilen Familie führt. Ich denke schon immer, dass eine gute Ehe mein bestes Geschenk für unsere Kinder war. Der Stellenwert, den Tom und ich unserer Beziehung einräumen – unser Bekenntnis zueinander – ist ein Anker. Das heißt noch lange nicht, dass wir uns nicht gelegentlich kabbeln würden, und wir hatten auch schon steinige Abschnitte wie alle anderen auch. Doch unsere Kinder haben immer mitbekommen, dass wir miteinander durch dick und dünn gegangen sind.

Was ist das Geheimnis für das Funktionieren unserer Ehe? Gottes Wort! Es lehrt uns, langsam zum Zorn und schnell bereit zum Vergeben zu sein. Jesu Worte und sein eigenes Vorbild lehren uns, dass die richtige Lebensweise darin besteht, bedingungslos zu lieben und zu lernen, dem Egoismus zu sterben. Die Heilige Schrift sagt, dass wir die Sonne nicht über unserem Zorn untergehen lassen sollen (siehe Epheser 4,26). Ich nehme den Gedanken ernst, dass wir einander vergeben müssen und Konflikte innerhalb eines angemessenen Zeitraums beilegen. Das bedeutet ausnahmslos, dass ich bereit sein muss, Kränkungen – ob empfundene oder tatsächliche – zu vergeben.

Tom und mir ist es außerdem gelungen, unseren Kindern Grenzen zu setzen, die nicht so eng waren, dass sie sich eingeschnürt gefühlt hätten, und gleichzeitig nicht so vage oder locker, dass sie leicht hätten übertreten werden können. Mit Hinblick auf Gottes Wort haben wir festgelegt, was wir erlaubten und was nicht, an welchen Regeln wir festhielten und welche verhandelbar waren.

Zum Beispiel gab es Grenzen, was das Fernsehprogramm betraf, oder auch die Filme, die wir uns ins Haus holten. Von allem, was Böses, Schlimmes förderte oder auf Werte setzte, die im genauen Gegensatz zu dem standen, was wir vermitteln wollten, wurde abgeraten. Es war ganz egal, was sich andere Familien anschauten.

Als die Kinder zu Teenagern heranwuchsen, hörte ich auf dem Weg zum Strand die Musik, die auch sie hörten. Es war eine tolle Möglichkeit, ihre Lieblingsmusik kennenzulernen. Je mehr ich ihren Geschmack kannte, desto eher konnte ich ähnliche Musik aussuchen, die – nach meiner eigenen Recherche – eine positive Botschaft hatte.

Das funktionierte auch richtig gut, da ich Hilfe bekam von der Jugendgruppe der Gemeinde, zu der sie gehörten. Offenbar waren die besten Konzerte auf der Insel diejenigen, die von den Gemeinden veranstaltet wurden; also fanden die Kinder natürlich die Musik am anziehendsten, die einen Bezug zu Gott hatte. Junge Menschen aus der Gruppe, die mit ihrem Talent Gott ehren wollten, schlossen sich zu wirklich tollen Rockbands zusammen.

Vor allem verstanden unsere Kinder, dass wir die Grenzen deswegen aufstellten, weil wir sie liebten und weil Gott sie liebt und wir das Beste für sie wollten; und genau aus diesem Grund haben wir sie auch bestraft. Bestrafen, „disziplinieren", ist ein Wort, das viele Leute erschreckt, auch mich, bevor ich Gottes Wort kennengelernt und verstanden habe. Ich bin ein sehr undisziplinierter Mensch mit Aufmerksamkeitsdefizitproblemen.

Tom und ich lernten die Grundlagen für eine erfolgreiche Ehe und Familie in Bibelseminaren unserer Gemeinde. Wir lernten unmittelbar aus der Betriebsanleitung – der Heiligen Schrift. Wir konnten dem vertrauen, was uns beigebracht wurde, denn es nahm für sich in Anspruch, göttlichen Ursprungs zu sein. Für diesen Anspruch gibt es viele Beweise. Das hundertprozentige Zutreffen von Prophezeiungen aus Jahrtausenden und ihre nachgewiesene Erfüllung belegen allein schon, dass die Bibel nicht ohne göttliche Eingebung und Anweisung hätte geschrieben werden können. Die Bibel lehrt, dass Satan der „Vater der Lüge" und gesund und munter ist (Johannes 8,44; LÜ). Vieles auf unserem Planeten, in den Medien und der Werbung unseres Kulturkreises bestätigt das, was uns die Bibel über den Satan lehrt.

In Hosea 4,6 heißt es: „Mein Volk läuft ins Verderben, weil es den richtigen Weg nicht kennt" (HFA). Unsere Jugendlichen leben in einer Zeit gewaltiger Veränderungen. Die Bibel heißt nicht ohne Grund das Buch des Lebens; die Lebensgrundsätze aus dem Wort Gottes können unseren Kindern Hoffnung und Zukunft schenken. Doch es ist eine Tatsache, dass Kinder klare Konsequenzen für absichtliche Grenzüberschreitung erfahren müssen, wie damals, als ich Noah in den zu der Zeit einzigen christlichen Buchladen der Insel mitnahm. Ich sagte zu dem dreijährigen Noah, Nein, er bekäme nicht das Kartenspiel, das er sich wünschte, denn ich konnte es mir nicht leisten, und es war außerdem für ältere Kinder. Ein paar Minuten später bekam ich mit, wie er sich die Karten in die Tasche steckte. Ich konnte nicht fassen, dass mein Dreijähriger klaute!

Ich nahm ihn sogleich mit in den Flur und gab ihm einen Klaps auf den Po, ließ ihn dann die Karten zurückbringen und sich bei dem Ladenbesitzer entschuldigen. Er wusste, dass es verkehrt war, aber in seinem Herzen hatte er beschlossen, dass er die Karten lieber wollte, als gehorsam zu sein.

Wie alle Eltern mussten wir uns kreativere Strafen einfallen lassen, als unsere Kinder älter wurden.

Offenbar fluchen überall um einen herum die Menschen, ohne sich dessen bewusst zu sein, aber natürlich war das Fluchen im Hause Hamilton nicht angesagt. Wenn einer der Jungs ein Schimpfwort sagte, bekam er einen Tropfen scharfe Soße auf die Zunge. Um zu zeigen, dass wir nicht mit zweierlei Maß maßen, galt die Bestrafung auch für mich.

Ich weiß noch, dass die Kinder irgendwann übermäßig kritisch einander gegenüber waren, daher stellte ich die Regel auf, bevor einer aus der Familie etwas Kritisches oder Gemeines sagte, musste er erst zehn positive oder bejahende Dinge sagen. Wir leben in einer Welt, wo die Menschen nach einem freundlichen Wort lechzen. Indem meine Kinder lernten, Komplimente und Ermutigungen auszusprechen, hoffte ich, sie würden den Menschen Leben schenken – einfach durch ihre wohlüberlegten freundlichen Worte.

Wenn einer der Jungs seinen Bruder oder einen Freund niedermachte oder beschimpfte, erklärte ich ihm, dass er so, wie er mit anderen umgeht, gewissermaßen auch mit Christus umgeht. „Das will ich euch sagen. Was ihr für einen meiner geringsten Brüder getan habt, das habt ihr für mich getan" (Matthäus 25,40; HFA). Also mussten sie sich sowohl bei Jesus als auch bei dem Beleidigten entschuldigen.

Wenn die Jungs auf langen Fahrten in die Stadt Krawall machten, fuhr ich auf einen Parkplatz oder auf eine Straße, die am Strand entlangführte und ließ sie rennen. Das verbrannte eine Menge Energie und aggressive Gefühle und besänftigte sie für den Rest der Fahrt. Noah behauptet, ich ließ sie nahe an den Van herankommen und sei dann noch fast einen halben Kilometer weiter gefahren, aber ich glaube, das erfindet er bloß!

Manchmal versuchen wir als Eltern, diese zauberhaften Momente, die man als „Quality Time" bezeichnet, auf Bestellung zu bekommen. Meist kommt es zu diesen qualitativ hochwertigen Zeiten in quantitativ langen Zeiten des Beisammenseins. Doch was soll man machen, wenn beide Elternteile arbeiten müssen? Kreativere Maßnahmen entwickeln ... und eine Arbeitszeit, die alles andere war als geregelt.

Ich war mit einem Job gesegnet, für den ich Zeitschriften an Kioske und Stände auf der ganzen Insel auslieferte. Tom arbeitete normalerweise abends und ging tagsüber surfen, also belud ich unseren Van mit Zeitschriften und der kleinen Bethany und zog los. Die Jungs waren in der Schule, aber ich konnte rechtzeitig zurück sein, um sie alle zum Strand zu bringen. Ich musste keine Stechuhr bedienen oder eine feste Lieferzeit einhalten, außer dass die Zeitschriften am Ende des Tages ausgeliefert sein mussten.

Wir konnten unterwegs überall anhalten und Pause machen, auf einen Spielplatz gehen, die Tiere vom Tierschutzbund besuchen oder am Strand zu Mittag essen. Als die Kinder älter waren und anfingen zu surfen, lieferte ich im Sommer Zeitschriften aus, während sie auf der anderen Seite der Insel eine Runde surften. Natürlich dauerte diese Lieferfahrt voller Abenteuer viel länger, aber da die Jungs und sogar Bethany mir halfen, die Zeitschriftenregale aufzufüllen, ging die Arbeit auch schnell.

Der tiefer gehende Segen meines Zeitschriftenlieferjobs war, dass er meine persönliche Ausbildungzeit für biblische und geistliche Dinge war. Wenn die Kinder bei Tom zu Hause blieben, nutzte ich die Zeit für mich, um zu beten und Gott zu loben, ließ meine christliche Musik laufen und lernte durch Bibellehre im Autoradio und CDs in der Stereoanlage des Autos. Eine komplette Lieferstrecke konnte etwa acht Stunden dauern, je nachdem, wie viel Arbeit ich in den Zeitplan einbauen konnte neben all dem anderen, vor allem dem Surfen.

„Somewhere over the Rainbow" – ‚Irgendwo über dem Regenbogen' ist eine beständige Realität auf Kauai! Im Moment regnet es richtig heftig und ich denke darüber nach, wo ich hin kann, um wieder zu trocknen. Wenn wir an der Nordküste von Kauai sind, gehen wir üblicherweise in die Stadt und lassen uns trocknen. Hier kann es wochenlang regnen, aber wir gewöhnen uns daran und lernen, unser Leben strategisch danach auszurichten. Wir sparen uns unsere Stadtfahrten ins Kino für richtig schlechte Tage auf, das heißt, wenn die Wischerblätter mitspielen.

Wir haben warme, milde, sanfte Passatwinde von Südost, die die Wolken auf die Berge über Hanalei Bay schieben, und dann platscht der Regen ins Tal. Das sind vorhersagbare und anhaltende Regenfälle, die die Wasserbrotwurzel und die Feuchtbiotope der Nordküste nähren. Und ach, diese nassen, grünen, wunderschönen Täler voller Regenbogen und Wasserfälle!

Wenn wir aber unbedingt mal aus dem Regen heraus müssen, fahren wir nach Polihale. Das ist – im Ernst! – der offizielle Strand am Ende des Regenbogens. Heiße, trockene, staubige Kilometer auf einer Holperstrecke führen zur Belohnung an einen weichen, weißen Sandstrand mit einer tosend gefährlichen Brandung – sehr zur Freude unserer Kamera. Kauai ist etwa 45 Kilometer breit und über 50 Kilometer lang, die Schnellstraße führt am Meer entlang und endet an der einen Seite in Polihale, an der anderen in Ke'e Lagoon – wobei Ke'e die sicherste Stelle zum Schwimmen und Schnorcheln ist, Polihale dagegen die gefährlichste, mit Strömungen, die einen in Sekundenschnelle von den Füßen ziehen.

Kauai hat mehr Brücken zum Überqueren als jeder andere Ort pro Quadratmeter, denn hier gibt es mehr Regen, was gleichbedeutend ist mit mehr Sand, der von den Flüssen ins Meer gespült wird, und mehr Flussbetten, die mehr Strände schaffen und erhalten. Wenn es Ihnen also nichts ausmacht, Brücken zu überqueren, können Sie wundervolle Strände genießen, und wenn Sie sich in die Richtung drehen, aus der Sie kommen, können Sie mehr Regenbögen sehen als je zuvor.

Kajakfahren ist ein Abenteuer, das wir versuchen, jeden Sommer zu machen. Ein Freund unserer Familie erzählte mir folgende Geschichte von so einem Kajakausflug:

„Dig ... lass deinen Kopf unten!", rief ich meinem Sohn David zur Ermutigung zu. Er saß vorne in einem Zweier-Kajak und unter großer Anstrengung versuchten wir, direkt in Wind und Wellen zu paddeln. Ein paar Hundert Meter vor uns erspähte ich die Köpfe von Tom und Bethany, die neben ihrem umgekippten Kajak aus dem Wasser auftauchten. Einige Hundert Meter rechts von uns waren die unzugänglichen Na Pali Klippen, die sich in der Ferne in beide Richtungen erstreckten. Wind und Dünung* waren rasch stärker geworden, brandeten drei bis sechs Meter hoch an die Klippe und prallten wieder zurück in unsere Richtung. Langsam arbeiteten wir uns zu den beiden vor, die sich im Wasser vor uns abplagten.

Wir waren eine Stunde zuvor an einem wunderschönen, ruhigen Morgen von Ke'e aufgebrochen. Jetzt heulte der Wind und weiße Kronen brachen über uns ein. Tom war mit der damals achtjährigen Bethany und einem offenen Zweier-Kajak zu unserem Treffpunkt gekommen. Mit „offen" meine ich mit offener Luke oder „versenkbar". Ebenfalls dabei waren Toms Sohn Timmy, damals 12, und mein Sohn Logan, ebenfalls 12, die Einer-Kajaks steuerten. Mein zehnjähriger Sohn David und ich vervollständigten die Runde mit einem nicht versenkbaren Zweier-Kajak. Wir wollten um die zwanzig Kilometer paddeln und ein paar Nächte draußen übernachten.

Ich hatte Bedenken dagegen angemeldet, mit einem achtjährigen Mädchen in einem offenen Kajak zu fahren, doch Tom meinte, das wäre kein Problem. Das gefällt mir an Tom. Man braucht keine Zeit mit Diskussionen zu verschwenden, denn er ändert seine Meinung sowieso nicht. Also brachen wir auf zu unserem Abenteuer.

Wind und Wellen waren hinter uns und stiegen an, während wir an der berüchtigten Na Pali Küste entlang fuhren. Die Jungen und ich erreichten die erste Meereshöhle. Sie war etwa 90 Meter lang und ragte jenseits einer Spitze hervor. Wir beschlossen, das Risiko der steigenden Dünung* auf uns zu nehmen, und gelangten mit einer Welle ganz durch. Man bekommt einen ganz schönen Adrenalinstoß, wenn sich die Welle hochdrückt und man schwören könnte, man würde an der Decke entlang geschrammt. Draußen dann gleich scharf nach rechts und schon befindet man sich in kabbeligen, doch geschützten Höhle.

Wir warteten und warteten, doch es kam kein Tom. Schließlich sagte ich Logan und Timmy, sie sollten langsam vorausfahren, während David und ich um die Außenseite der Spitze herum fuhren, um nach Tom und Bethany Ausschau zu halten. Kaum hatten wir die Landspitze umrundet, traf uns der Wind mit unvorstellbarer Wucht. Ganz weit hinten sahen wir Tom und Bethany in einem sinkenden Kajak im Wasser. Nun mussten wir uns gegen Wind und Strömung zu ihnen durchkämpfen. Als wir da waren, mussten wir mit voller Kraft paddeln, um neben ihnen zu bleiben. Tom bat mich, Bethany in mein Kajak zu nehmen und sagte, er werde bei seinem Boot bleiben. Kein toller Plan, aber es war nicht die richtige Zeit zum Diskutieren.

In Sekundenschnelle war Bethany in unserem Boot und wir wurden von Wind und Wellen fortgetragen. Als ich mich wieder zu Tom umdrehte, war er schon ein paar Hundert Meter hinter uns und wirkte in Gischt und Dünung* beinahe verloren. Doch als ich mich erneut umdrehte – welch Wunder: Das erste Schiff, das wir gesehen hatten, ein Ausflugs-Katamaran, fuhr von der Meeresseite auf Tom zu. Das Schiff hatte ein großes offenes Deck und beförderte bis zu 25 Passagiere. Zuletzt bekam ich mit, wie Leute versuchten, das Kajak aufs Schiff zu hieven. Ich hörte in Gedanken noch Toms letzte Worte: „Wir sehen uns in Kalalau."

Geplant war, dass wir unseren Ausflug in drei Abschnitte teilten und unterwegs allerhand erkundeten. Wir befanden uns auf halbem Weg zu unserem ersten Etappenziel, dem Kalalau Valley, einem breiten wunderschönen Tal mit Stränden, Flüssen und Wasserfällen. Früher waren dort über 5.000 Hawaiianer zu Hause gewesen, doch mittlerweile wurde es der Natur zurückgegeben; dort sind jetzt Ziegen, Schweine und Camper am

▲ Die Schwestern Debbie und Cheri — die zukünftigen Surferinnen sind bereit für den Gottesdienst!

Debbie und Cheri gehen mit ihrem Vater am Strand La Jolla Cove in Kalifornien schnorcheln, auf der Suche nach Muscheln. ▼

▲ Die Schülerinnen der Crawford High School:
Karin (Cheris jüngere Schwester), Pam Falgren und Cheri.

Cheri und Tom, 1979 (Verlobungsfoto). ▼

▲ Cheri beim Surfen, 1979.

Tom beim Surfen an der Nordküste von Oahu, 1975. ▼

▲ Tim (4), Noah (8) und
Bethany (5 Monate).

▲ Cheri und Bethany.

Familienfoto der Hamiltons
(Foto: Steve Gnazzo, Kilohana Photography). ▼

▲ Die vierjährige Bethany beim Surfen.

Bethany und Alana, beide sieben Jahre
(das war Bethanys erstes Surfbrett). ▼

▲ Bethany (sie hat gerade die Haare ihrer Barbiepuppe abgeschnitten).

Bethany mit ihren Freunden am Anini Beach. ▼

▲ Bethany gewinnt ein Surfbrett
(erster Platz bei der Rell Sunn Menehune Meisterschaft).

▲ Bethany, immer im Wasser auf der Suche nach Fischen und Muscheln.

Surfcheck mit Mama, immer bereit zu filmen! ▼

▲ Bethany fliegt über das Wasser.

Glücklich über das Geschenk des Lebens!
(Cheri und Bethany im Krankenhaus). ▼

▲ Gebet mit Papa.

Bethanys Bruder Timmy (18) ist gerade dabei,
eine große Welle zu nehmen (Foto: Shea Sevilla). ▼

▲ Mike Coots und Bethany, zwei Überlebende von Haiattacken auf Kauai.

▲ Bethany im Louvre
mit Venus de Milo.

▲ Nick Vujicic und Bethany
beim Surfen.

Bethany auf dem Weg zum Surfen –
bei Sonne, Regen oder Überschwemmungen! ▼

▲ Bethany beim Surfen in Tahiti.

Bethany mit Sarah Hill
bei ihrer 21. Geburtstagsfeier. ▼

Bei der Soul Surfer
Premiere in Kauai mit
Rick Bundschuh. ▼

▲ Bethanys Bruder Noah beim Surfen mit Power und Stil.

Becky (Noahs Frau) beim Surfen ohne Furcht. ▼

▲ Die Filmfamilie Hamilton: Chris Brochu, Ross Thomas, Helen Hunt, Dennis Quaid, AnnaSophia Robb.

Hana, der Hund der Hamiltons, beim Surfen für den Filmabspann. ▼

▲ Cheri und Bethany bei Focus on the Family,
in Colorado Springs, Colorado.

Die Hamiltons bei der Premiere von Soul Surfer:
Tom, Cheri, Bethany, Timothy, Noah und Becky. ▼

Strand ... und, naja, ein paar normalerweise nackte Hippies in versteckten Camps.

Die nächsten Kilometer waren ziemlich ereignislos und fast friedlich, da wir uns aus der Wirbelströmung der Klippen entfernten. Wir holten Timmy und Logan ein und konnten den spektakulären Anblick, der sich kilometerweit vor uns erstreckte, genießen. Etliche Kilometer entfernt sahen wir den Strand von Kalalau.

Zwischenzeitlich hatte Tom sein offenes Kajak geleert und sich – trotz der lauten Proteste der Passagiere – an unsere Fersen geheftet. Tom erzählte, der Kapitän, der auch ein Surfer war, habe allen versichert, er komme schon mit der rauen See zurecht, aber andererseits sei er dafür bekannt gewesen, Gefahren so gering wie möglich zu halten. Später gestand er amüsiert, dass eine arme Frau hysterisch weinte und den Kapitän bat, ihn nicht wieder ins Wasser zu lassen, denn dort werde er sterben. Ich persönlich bezweifle ja, dass der Kapitän ihn hätte aufhalten können!

Wir hatten etwa noch einen Kilometer bis zu dem Strand, an dem wir landen wollten. Zwischen uns und unserem Ziel war jedoch die Mündung des Kalalau-Flusses, wodurch das Wasser auch noch in einiger Entfernung seicht war. Als wir auf den Ozean schauten, pflügte ein riesiges Set* Wellen über das Meer zwischen dem Strand und uns hindurch. Wir verlangsamten die Fahrt, um die Lage zu peilen. Am sichersten wäre gewesen, achthundert Meter hinaus und um das Riff herum zu fahren. Wir beobachteten die Sets* und schätzten die Zeit zwischen den einzelnen Sets* ein. Es sah so aus, als könnten wir in einem Rutsch auf dem Strand landen, wenn das Glück anhielt. Als die letzte Welle des Sets* herannahte, jagten wir sie bereits. Logan und Timmy hatten schon die halbe Entfernung gut hinter sich gebracht. Es waren keine Wellen in Sicht und ich meinte, wir wären in Sicherheit. Doch da riss Bethany, die mir gegenüber im Bug saß, ihre Augen weit auf. „Mr. Miles!", schrie sie und zeigte auf etwas. Ich sah über die Schulter, wo sich eine drei Meter hohe Welle direkt hinter uns brach.

Unverzüglich legte ich mich auf den Rücken und brachte uns mit dem Paddel in Laufrichtung der Welle. Wir waren in der Luft oben und rasten dann am Face* hinab. „Wir schnappen uns bloß eine Welle", sagte ich mit zusammengebissenen Zähnen, um Bethany (und mir) die Furcht zu nehmen. Mit aller Kraft hielt ich das Paddel, damit wir auf der Welle blieben. Ich weiß noch, wie Bethanys Gesichtsausdruck von Entsetzen zu Freude überwechselte, während wir diese Welle ritten und ritten. Das ging so über vierhundert bis achthundert Meter – auf jeden Fall mein längster Wellenritt in einem Kajak.

Als die Welle schließlich nachgab und unter uns abflachte, sahen wir, dass der Strand nur noch wenige Meter vor uns lag. Bis dahin hatten wir noch einen riesigen Beachbreak* auszuhalten, wurden umhergewirbelt, verloren unseren Proviant und unsere Campingausrüstung, bargen beides wieder, doch wir schafften es! Und eine halbe Stunde später kam Tom ... kein Problem!

Danach duschten wir in einem kühlen Wasserfall, wanderten, campten, kochten am offenen Feuer, sahen abends einer Schildkröte bei der Eiablage zu und betrachteten die wunderbaren Sterne, denn wir schliefen im Sand. Gute Zeiten und lange Faulenzertage im Schatten.

Unsere letzte Etappe begannen wir in wesentlich ruhigeren Gewässern am Grasland der Insel. Wir mussten jetzt viel kräftiger paddeln, denn wir hatten weniger Wind. Allerdings war die See rau genug, dass Tom erneut kenterte und wir Bethany wieder aufnehmen mussten. Tom wollte beim Boot bleiben (Déjà-vu); diesmal waren die Bedingungen nicht so schlecht und wir waren an einem Küstenabschnitt, den mehr Schiffe passierten. Also fuhren wir die verbleibenden dreieinhalb Kilometer zum Polihale Beach. Wir zogen unsere Kajaks aus dem Wasser auf die Dünen, wo uns bald jemand mit dem Auto abholen und auf die andere Seite der Insel zurückbringen sollte. Wir saßen da und warten auf Tom ... und warteten ... und warteten.

Plötzlich erspähten wir etwas Seltsames im Wasser, das kein Boot war. Langsam wurde es sichtbar. Es war tatsächlich Tom. Er hatte ein paar Stricke zu einem Gurt gefriemelt, schwamm die letzten drei Kilometer und schleppte das gekenterte Zweier-Kajak voller Wasser ab ... kein Problem. Als er näher kam, sprangen wir in die Brandung und halfen ihm, das Boot durch die etwa anderthalb Meter hohen sich brechenden Wellen einzuholen.

Ein Kajak mit etwa zweitausend Litern Wasser kann einen allerdings ganz schön durch die Gegend schleudern. Es schlingerte in den Wellen, es schlingerte im Sand und es überrollte uns. Keine dreißig Meter von uns waren ein paar junge Einheimische mit Transportern mit Allradantrieb an den Strand gekommen und hatten Spaß am Biertrinken, bis wir mit dem Kajak-Ringkampf in der Brandung begannen. Jetzt amüsierten sie sich königlich – über uns. In solch einer Situation gehe ich einer biertrinkenden Meute eher aus dem Weg, im Gegensatz zu Tom. Er stapfte zu ihnen hinüber und brüllte: „Was ist denn mit euch Jungs los? Seht ihr denn nicht, dass wir Hilfe brauchen?" Sie sahen einander an, sie sahen ihre Füße an, dann sprangen sie auf und kamen in die Brandung. Rasch waren wir wieder am Strand – ein besänftigter Tom, ein geborgenes Kajak und wir bekamen Bier angeboten ... kein Problem.

Wir waren zwar nicht so eine Familie mit Traditionen, doch versuchten wir, gemeinsame Erinnerungen aufzubauen durch einfache Sachen, meist am Strand. Geburtstage wurden immer am Strand gefeiert; Mama steuerte selbst gebastelte *Piñatas* aus Pappmaschee bei. Am Weihnachtsmorgen wurde schon mal vergessen, die Geschenke auszupacken. Ganz oben stand immer das morgendliche Surfen, dann wurden die Geschenke der Familie geöffnet, dann genoss man ein spätes Frühstück.

Vor allem merkten Tom und ich, dass unser eigener Glaube jeden Tag ernst gemeint und lebendig sein musste. Man kann Kindern den ganzen Tag lang erzählen, was sie tun sollen, doch sie lernen mehr durch Erfahrung als durch Belehrung. Was wir tun, wiegt zehn Mal schwerer als alles, was wir sagen.

Es tat mir gut, dass ich diese Grundlagen des Elternseins lernte, denn nachdem ich acht Jahre lang die Spielregeln mit zwei wilden Rackern gelernt hatte, kam im Februar 1990 Bethany zur Welt. Endlich hatte ich ein Mädchen!

# Hoffnungen, Träume und Orkane

*„Der Name des Herrn ist eine feste Burg;*
*der Gerechte läuft dorthin und wird beschirmt."*
SPRÜCHE 18,10 (LÜ)

Wir hatten zwei Jungen und ich hatte mich ans Mutter-
sein gewöhnt. Meine Zukunft würde aus dem Hol- und
Bringdienst zu Surfspots* und Sportereignissen beste-
hen. Ich war glücklich, gar kein Zweifel, doch ich wollte
unbedingt ein Mädchen haben. Zu Tom sagte ich immer:
„Wir bekommen so lange Kinder, bis wir noch ein weibli-
ches Wesen in der Familie haben!"

Spätschichten können das Sexualleben beeinträchti-
gen. An einem seltenen freien Abend machten Tom und
ich es uns ganz romantisch. Am nächsten Morgen lief ich
auf dem Markt einer guten Freundin über den Weg. Aus
dem Nichts heraus sagte Karin: „Cheri, du bekommst ein
Mädchen."

Ich glaubte, Gott habe durch Karin ein Wort der Weisheit gesprochen, wie es 1. Korinther 12,8 lehrt und wie es

veranschaulicht wird in der Geschichte, wo Maria erstmals ihre Cousine Elisabeth besucht, der im richtigen Augenblick das richtige Wort geschenkt wurde über das Kind, das Maria unter dem Herzen trug (siehe Lukas 1,41-42).

Ich war mir denn auch so sicher, dass ich ein Mädchen erwartete, dass ich gar keinen Jungennamen aussuchte. Ich glaubte es sofort und als ich in der Bibel las, wählte ich den Namen „Bethany" („Bethanien") aus, denn es war die Heimatstadt von Maria, Martha und Lazarus, und darüber hinaus weckte Jesus in dieser Stadt Lazarus von den Toten auf. Außerdem gefiel mir der Klang von „Bethany". Tom durfte den zweiten Vornamen auswählen: Meilani – Hawaiisch für „Himmelsblume".

Die Jungen waren versierte kleine Wasserratten. Ich konnte bloß beten, dass auch Bethany so viel Freude am Ozean hatte wie wir. Doch keine Sorge ... sie kam mit Salzwasser in den Adern zur Welt und bewegte sich im Meer wie ein Fisch.

Als Bethany geboren wurde, war Noah ein aktiver Achtjähriger und Timmy kam bald in die Schule. Tom und ich mussten unsere Arbeitspläne im Hotel, das erneut aufwendig renoviert worden war, unter einen Hut bringen. Das Geld war immer knapp, aber wir gingen gewissenhaft damit um. Heute nennt man das „umweltfreundlich".

Nach zwei Jahren im Haus am Fluss hinter dem Delphin-Restaurant in Hanalei mussten wir ausziehen. Das war traurig, denn wir waren gern Kajak gefahren und hatten mit Vorliebe beobachtet, wie Noah Buntbarsche fing.

Jedes Mal, wenn wir umzogen, bat ich den Herrn um Rat. Das Wohnumfeld kann sich sehr auf das Leben von Kindern auswirken, im Hinblick auf die Sicherheit und die Freunde, die sie beeinflussen. Daher fand ich es wichtig, mir Weisheit von oben zu holen.

Eines späten Nachmittags waren meine Söhne und ich unterwegs zu guten Freunden aus der Gemeinde, die jüngst ein Kind bekommen hatten, und brachten ihnen etwas zum Abendessen. Die ganze Gemeinde versorgte sie mit Essen und an dem Tag waren wir an der Reihe. Gegen 17 Uhr, als wir unterwegs waren zu Claudia, sahen wir einen dreifachen Regenbogen. Die Hawaiianer glauben, wenn man am Himmel ein Zeichen sieht, passiert etwas Besonderes!

Am selben Abend blieben Tom und ich lange auf. Gegen 23 Uhr platzte meine Fruchtblase. Ich packte meine Krankenhaustasche und beschloss dann, gründlich das Bad zu putzen, denn es ist so schön, mit einem Neugeborenen in ein richtig sauberes Bad zu kommen. Ich bat Tom, uns im Krankenhaus anzumelden. Gegen 1 Uhr früh bekam ich richtig starke Wehen – wir mussten also *genau jetzt* aufbrechen! Vom North Shore braucht man etwa eine Stunde bis zum Krankenhaus. Tom fährt gerne zügig, sodass wir auf der freien Schnellstraße gut vorankamen. Ich musste die Stereoanlage voll aufdrehen, wenn die Wehen zu stark wurden. Ich wusste, dass sich der Muttermund öffnete, und dachte daran, wie schnell Timmy zur Welt gekommen war ... binnen kurzer zwei Stunden.

Wir waren um fast 2 Uhr früh in der Notaufnahme, wo ich auf ein fahrbares Bett hinter einem Vorhang gelegt wurde. Der Arzt untersuchte mich kurz und ging ein paar Sachen vorbereiten. Kaum war er weg, kam natürlich Bethany: um 2:10 Uhr, früh, schnell und wunderschön!

Am 11. November 1992 schlug der Orkan Iniki direkt auf Kauai zu. Das Auge des Sturms zog unmittelbar über uns dahin und verwüstete mit einer Windgeschwindigkeit von über 230 km/h ganze Wohngebiete.

In den Tagen vor dem gewaltigsten Orkan auf den Inseln seit Beginn der Aufzeichnungen gingen alle einfach ihrer Beschäftigung nach. Tom und ich hatten die Kinder am Vortag bei einer Freundin abgegeben und waren auf die andere Seite der Insel gefahren, um eine wahrhaft überwältigende Brandung zu erwischen. Wir genossen einen hinreißenden Tag mit blauem Himmel und perfekten Wellen, der uns immer im Gedächtnis bleiben wird.

Am nächsten Morgen wachten wir vor dem Morgengrauen auf. Mir war es zu regnerisch und windig und ich beschloss, lieber daheim bei den Kindern zu bleiben. Tom fand die Wellen zu gut, um sie sich nur wegen des schlechten Wetters entgehen zu lassen. Also verabschiedete er sich und fuhr mit dem Van die weite Strecke bis zur anderen Seite der Insel. Als er die nächstgelegene Stadt erreichte, wusste er, dass etwas nicht stimmte. Aus allen Tankstellen schlängelten sich Autokolonnen. Menschen drängten sich vor Geschäften und warteten auf deren Öffnung.

Tom schaltete das Radio ein und fuhr an den Straßenrand. Ihn traf die Meldung, dass aus der Orkan-Meldung eine Warnung geworden war. Er würde unmittelbar seine zerstörerische Kraft entfalten. Tom fand einen Laden, der gerade aufgemacht hatte, und konnte ein paar Vorräte einkaufen, wundersamerweise, bevor die Massen strömten. Die Sirenen ertönten bei Sonnenaufgang und mir wurde klar, dass es nicht nur ein schwerer Regensturm würde. Tom raste heim und wir bereiteten uns auf das bevorstehende Unheil vor.

Wir hatten beide noch lebendige Erinnerungen an den Wirbelsturm Iwa, dessen Auge 1982 in einer Entfernung von etwa 40 Kilometern nördlich von Kauai entlang fegte. Es war bloß ein Orkan der Kategorie 1 gewesen, doch er hatte die Insel verwüstet, die überwiegend aus Blechdächern und einfachen Wänden bestehenden Häuser dem Erdboden gleichgemacht, und riesige Sturmfluten hervorgebracht, die Schiffe und Autos über die Küstenniederungen beförderte.

Nach einem einzigen Blick auf unser Heim im altmodischen Plantagenstil beschlossen wir, lieber woanders Zuflucht zu suchen. Die Nachbarn gegenüber hatten ein festes Steinhaus und nahmen uns bereitwillig auf. Tom und ich schnappten uns die Kinder und ließen die Wäsche draußen an der Leine, während der Wind Fahrt aufnahm.

Das Erste, das mir auffiel, war der Geruch.

Als der auflebende Wind die Blätter von den Bäumen riss und überall Blattwerk hochgewirbelt und verstreut wurde, roch es stark nach frisch gemähtem Gras. Bäume wurden entwurzelt und bedeckten die Straße. Dann begannen alle möglichen Bruchstücke und Ziegel von Nachbarhäusern aufs Dach zu trommeln. Mittlerweile pfiff und heulte der Wind wie ein Güterzug und wir konnten einander kaum verstehen, außer wenn wir uns anbrüllten.

Es war vielleicht dumm, aber ich machte mir gar nicht so große Sorgen. Ich war eher neugierig, was mit unserem Haus gegenüber passierte. Also schlich ich mich zum Fenster und sah hinaus. Jeder Baum war vom Wind umgebogen. Regengüsse und Trümmerteile wirbelten umher wie wild gewordene Fledermäuse, doch ich konnte noch meine Wäsche an der Leine sehen – sie stand buchstäblich vollkommen horizontal in der Luft.

Von den anderen kamen ein paar zu mir und wir bestaunten den Sturm. Das heißt, bis wir sahen, dass das Garagendach des Hauses, in dem wir Zuflucht gefunden hatten, mit einem reißenden Geräusch hoch und über uns hinweg flog.

Nachdem wir stundenlang angespannt abgewartet und beobachtet hatten, wie die Häuser um uns herum in ihre Bestandteile zerfielen, setzte eine plötzliche Stille ein. Das Auge des Orkans war direkt über uns und alles war still und ruhig. Wir gingen alle hinaus und sahen erstmals die unglaubliche Verwüstung. Die Häuser unserer Nachbarn hatten kein Dach mehr oder waren eingestürzt, einige Häuser waren einfach verschwunden. Während wir die Zerstörung begutachteten, staunten wir, dass unser Haus überlebt hatte, nur Noahs Zimmer fehlte.

Am frühen Abend war der Sturm vorüber und die Sonne hinter den einst saftig grünen Bergen untergegangen. Die „Garteninsel" war verwüstet – Bäume kahl, Nutztiere und -flächen vernichtet, Strände vollkommen verändert und von Trümmern bedeckt. Die Straßen waren unpassierbar und fast jede Stromleitung außer Betrieb. Binnen weniger Minuten waren alle Nachbarn mit Sägen draußen und begannen mit der Räumung der Straße.

Wir zogen mit unserem Van los und ließen die Videokamera laufen, um einen Teil der Schäden zu dokumentieren und nach Freunden zu schauen. Als wir am Hanalei Valley Aussichtspunkt anhielten, hatte ich genau den Bergblick, den ich zwei Monate zuvor in einem lebhaften Traum gehabt hatte, ganz ohne grünes Blattwerk. Ich glaube, es war ein übernatürlicher Traum von Gott. Andere Christen hatten auch Träume und prophetische Worte. Mir kam die Prophezeiung in den Sinn, die ich drei Monate zuvor gehört hatte, wonach „das Auge des Sturms über Kauai hinwegziehen würde".

Die Wasserpumpen hatten durch den Strommangel den Geist aufgegeben. Kein Wasser zu haben war die größte Herausforderung. Man konnte auf der Toilette nicht spülen! Ich hatte unsere Badewanne und einige Eimer mit Wasser gefüllt, sodass wir unsere Toilette sparsam benutzen konnten.

Nach dem Sturm war es außerordentlich heiß, sodass wir den nächsten Wasserfall als Dusche benutzten. Natürlich hatten fast alle Nachbarn dieselbe Idee und somit standen wir vor dem wunderschönen, erfrischenden Wasserfall Schlange.

Es gab keinen Strom, keine Läden oder Tankstellen, die man hätte aufsuchen können, und keine Arbeit, bis auf den Versuch, alles zusammenzuflicken, was als Obdach und Lebensunterhalt für einen selbst und den Nachbarn aufgetrieben werden konnte. Die Wirtschaft lag am Boden. Die Touristen flüchteten, die Hotels wurden verriegelt, die ersten Flüge von der Insel waren brechend voll mit Menschen, die wieder zurück aufs Festland flüchteten und ihr Leben lang von ihrem albtraumhaften Urlaub auf Kauai berichteten. Der Sturm hatte unser Kirchengebäude zerstört und unsere Gemeinde auf andere Gemeinden auf der Insel verstreut.

Außerdem hatte Tom unseren Van auf dem Parkplatz vor der nahe gelegenen Grundschule geparkt, denn er hatte logisch gefolgert, dass er dort sicher wäre vor umfallenden Bäumen oder Gebäuden. Wir hatten den Van – unseren ersten Neuwagen – erst 1988 gekauft. Wir beabsichtigten, ihn in Schuss zu halten. Doch wir rechneten nicht damit, dass sich riesige Brocken von der Schule lösen und auf dem Parkplatz auftreffen würden. Wir wissen nicht, welcher Gebäudeteil gegen unser Auto klatschte, doch es war mehr als nur hier und da etwas verbeult. Es war sogar vom Wind – und was auch immer dagegen geknallt war – um 180 Grad gedreht worden.

Unsere Versicherung erklärte unseren Van zum Totalschaden und gab uns 11.500 Dollar. Das und das Arbeitslosengeld waren alles, was wir für das nächste Jahr zum Leben hatten. Wir waren dankbar, dass sich der Van noch fahren ließ, doch bei all dem Schutt – einschließlich riesiger Mengen Dachnägel – auf der Straße waren platte Reifen an der Tagesordnung.

Als wir den Van zur Reparatur anmeldeten, wurde uns mitgeteilt, dass die Wartezeit sechs Monate betrage! Wir beschlossen, den Van nach Oahu zu verschiffen und die Arbeiten an Karosserie und Lack dort machen zu lassen. Das dauerte nur zwei Wochen. Wir genossen ein paar Tage Urlaub auf Oahu, fuhren dann mit unserem blauen Beachcruiser zur Anlegestelle, setzten über und fuhren nach Hause.

Ohne Einkommen fragten wir uns, wie wir das Darlehen für den Bauplatz, den wir seit zehn Jahren besaßen, abtragen sollten. Wir hatten genehmigte Pläne und wollten bald bauen. Als wir unsere Stellen verloren, versuchte die Bank, die Hypothek für verfallen zu erklären. Doch da auch das Finanzwesen der Insel hinweggefegt worden war, verhängte die Regierung ein Moratorium auf alle Hypotheken.

Bethany war natürlich noch zu klein, um sich an all das zu erinnern, doch Noah und Timmy kennen jede

Menge Abenteuergeschichten vom Leben nach dem Orkan. Das Militär errichte ein Basislager direkt im Prince-
ville Park. Sie machten täglich Hubschrauberflüge mit
MREs (Meals Ready to Eat – Fertig-Mahlzeiten). Jeden
Tag um 17 Uhr gab es etwas anderes – Wasserflaschen,
Eis, Planen, Lampen ... immer unterschiedlich. Es war
wie ein Feldlazarett. Man konnte bleiben oder sich an
der Essensausgabe ein frisches Feinschmecker-Menü der
Army holen!

Es dauerte fast ein Jahr, bis das Leben wieder normal
verlief. Das Weston Hotel, in dem wir gearbeitet hatten,
war zum Tiefstpreis von 50 Millionen Dollar an Marriott
verkauft worden. Das Gebäude musste nach dem Orkan
saniert werden, was bestimmt so teuer war wie der Ein-
standspreis. Das Marriott Hotel übernahm keinen von
uns, der in der Gewerkschaft war – also mussten Tom
und ich uns beide anderweitig nach Arbeit umschauen.
Tom kämpfte sechs Monate dagegen an, schrieb Briefe,
telefonierte und versuchte, seine Stelle zurückzubekom-
men. Sie hätten ihn schon allein wegen seiner Hartnäckigkeit wieder einstellen sollen!

Ich rief eine Freundin aus der Gemeinde an, der das
*Menu Magazine* gehörte, und bat sie um den Job, auf der
ganzen Insel Gästebroschüren und Zeitschriften auszu-
liefern. So fand unsere Familie wieder in einen guten
Rhythmus, der uns die nächsten Jahre über Wasser hielt.
Geld war immer knapp, doch die Brandung war gut und
Gott sorgte für uns.

Als unsere Kinder heranwuchsen, entwickelten sie ihre
unterschiedlichen Persönlichkeiten auf ihre je eigene
gute, lebhafte Weise und gingen ihren individuellen Weg
mit Gott.

Noah war unser tiefernstes Kind. Sein Lieblingsfilm
war *Inspector Gadget*, im Fernsehen verfolgte er am liebsten die Abenteuerserie *MacGyver*. Ich brachte ihm bei,
einen Reifen zu wechseln, als er gerade mal sieben war.

Ab der Mittelstufe brachte er sich mehr in die Gemeinde ein, nahm an Jugendcamps und anderen Aktivitäten teil. Auch viele seiner Freunde begannen damals eine Beziehung mit Jesus.

Noah tobte sich beim Paintball aus und verschwand mit seinen Freunden im nahen Dschungel, um schmutzig und verschwitzt nachmittags wieder aufzutauchen und die Ausmaße der Kampfverletzungen zu vergleichen. Tom und ich übertrugen unser Interesse am Fotografieren an unsere Kinder. Als Noah in der sechsten Klasse der Kilauea School war, gewann er einen Ehrenpreis des Bundesstaates für ein Foto vom ursprünglichen Postamt von Hanalei und infolgedessen eine Reise nach Oahu.

Diese beiden Faktoren waren für Noah womöglich der Auslöser für seine Karriere als Fotograf. Er entwickelte ein Talent für das Fotografieren seiner Freunde beim Surfen. Zudem hat Noah einen Riecher fürs Geschäftliche. Wir übertrugen ihm die gewaltige Aufgabe, alle Familieninteressen und -belange hinsichtlich Bethanys Surflaufbahn zu regeln. Außerdem schießt er alle offiziellen Fotos von Bethany.

Timmy, unser zweiter Sohn, ist in vielerlei Hinsicht das Gegenteil von Noah. Er ist sehr entspannt, besitzt aber gleichzeitig einen ironischen und exzentrischen Sinn für Humor und scherzt damit, dass er als „Noahs Bruder" aufwuchs, bis der Haiangriff Bethany in die Schlagzeilen brachte. Seitdem ist er „Bethanys Bruder".

Mit meiner langjährigen Freundin Barbara Tofte engagierte ich mich sehr früh für ein Programm an öffentlichen Schulen, in dessen Rahmen die Kinder eine Stunde pro Woche innerhalb der normalen Schulzeiten für Religionsunterricht freigestellt wurden. Da die Trennung von Kirche und Staat ein sehr sensibles Thema war, mussten die Eltern eine Befreiungseinverständniserklärung unterschreiben, damit ihre Kinder teilnehmen durften. Wir staunten, wie viele Eltern das taten.

Ich war Barbaras Hilfslehrerin und gemeinsam konnten wir einer Gruppe Kinder vom North Shore von Christus erzählen. Nach einer solchen Stunde (die ich gehalten hatte, da Barbara krank war) hatte ich die wunderbare Gelegenheit, meinen Sohn Timmy zum Glauben an Christus zu führen.

Barbara hatte mich in der letzten Minute angerufen und mir gesagt, ich müsse die ganze Stunde allein halten. Also hatte ich bloß noch Zeit, mir ein Musikvideo des christlichen Künstlers Michael W. Smith mit einer eindringlichen Geschichte von Christi Sterben am Kreuz zu schnappen. Auf dem Heimweg fragte Timmy, der kurz zuvor fast ertrunken wäre, wie er sich sicher sein könne, in den Himmel zu kommen.

Ich war mir sicher, der sonst so verspielte Timmy meinte es ganz ernst. Daher redeten wir über das Musikvideo, das vom Unterschied zwischen Himmel und Hölle handelte. Schließlich fuhr ich an den Straßenrand und betete mit ihm um Vergebung der Sünden und dass Jesus als Herr und Erlöser in sein kleines Herz einziehen möge. Für eine gläubige Mutter gibt es nichts Besseres als so ein einschneidendes Ereignis!

Als „Sandwichkind" formte Tim seine ganz eigene Persönlichkeit. Timmy entschied sich denn auch für Bodyboarding* statt Surfen im Stehen, was ihn vom Rest der Familie abhob. Außerdem machte Timmy fast ausschließlich Videoaufnahmen von anderen Bodyboardern* und schnitt sie zu Videos ohne richtige Handlung, aber stundenlang tollen Szenen und fetziger Musik zusammen. Er arbeitete an der Seite von Typen wie Bob Sato, Manager des Kauai Classic Bodyboard Team.

Außerdem ist Timmy der Lausebengel. Wenn irgendwo etwas irrsinnig Komisches passierte, konnte man darauf setzen, dass er mittendrin steckte. Nachdem Tim und ein paar Freunde hoch in den Bergen von Kauai gecampt hatten, beschlossen sie, die steile, kurvenreiche, etwa 24 Kilometer lange Straße mit einer Matratze hinunterzusausen – zweifellos ein unübliches Gefährt.

Die Jungen befestigten Skateboardrollen unter einem Holzrahmen und warfen eine Matratze darauf; das nannten sie dann „Bett-Schlitten". Tim und sein langjähriger

Freund Pypyr setzten sich darauf und dann ging es berg-ab. Durch Gewichtsverlagerung nahmen sie die steilen Kurven, zum Bremsen ließen sie den Rand der Matratze über den Asphalt schleifen. Ein weiterer Freund folgte ihnen mit dem Auto, damit niemand sie von hinten über-fahren konnte.

Natürlich machten alle Kinder irgendeinen Unfug – wie der weithin verübte Streich des „Pool-Hopping", wo sie und ihre Freunde von einem Hotelpool zum nächsten zogen und versuchten, den Sicherheitskräften zuvorzu-kommen, die sich wacker bemühten, die Pools den Tou-risten und Gästen vorzubehalten. Ganz zu schweigen, dass die Wachleute die Jugendlichen alle persönlich kannten.

Das waren so Streiche, über die wir uns schwerlich aufregen konnten, wenn wir davon erfuhren – vor allem angesichts *unserer* Vergangenheit.

Später waren all unsere Kinder in der Jugendgruppe der *North Shore Christian Church* (mit dem Spitznamen „Zeltkirche", da wir uns unter einem großen Zeltdach versammelten) engagiert, die wunderbare Sachen orga-nisierte, zum Beispiel Besuche in Waisenhäusern. Unse-re Kinder nahmen regelmäßig an den Bibelkreisen unter der Woche teil und bei Jugendcamps betreuten sie die jüngeren Kinder.

Da das Auswendiglernen von Bibelstellen entschei-dend für geistliches Wachstum ist, hielten wir Musik für eine der besten Methoden, Gottes Wort im Gedächtnis zu behalten. Gottes Wort kann Ihnen und Ihren Kindern durch schwierige Zeiten helfen, Sie anleiten und Ihnen die Richtung weisen, Sie bessern und vor Unheil bewah-ren helfen. Wir haben so viele Bibellieder in der Kirche und durch Musikvideos und DVDs für Kinder gelernt.

Als ich einmal mit den Kindern in der Stadt war, stell-te ich den Wagen auf einem leeren Parkplatz ab, und als ich zurückkam, hatte mich jemand zugeparkt. Es war empörend und ich regte mich auf. Ich hätte gute Lust ge-habt, die Luft aus den Reifen dieses Autos zu lassen! Während die Kinder abwarteten, was ich wohl tun würde, fiel mir wieder der Liedtext nach Römer 12,21 ein: „Lass dich nicht durch das Böse besiegen, sondern besiege das Böse durch das Gute" (HFA). Ich beschloss, Gott zu ehren und den Tag nicht von meinem sündigen Wesen beherrschen zu lassen. Wir stiegen ein und ich musste über den Gehweg fahren, um wegzukommen.

Zusätzlich zu Gemeinde und Surfen waren unsere Kinder mit vielen Sportarten beschäftigt. Fußball und Schwimmen waren bei allen angesagt. Insbesondere Timmy war ein Naturtalent in jeder Sportart, die er anpackte. Und beide Jungen waren ziemlich gut in dem sehr schnellen Inlinehockey.

Ein Mädchen zu erziehen ist schon ganz etwas anderes als zwei Jungen zu haben, doch die Grundrichtung behielt ich bei. Ich ermutigte die Kinder zu all ihren Mannschaftssportarten, denn sie trugen dazu bei, zusammenzuarbeiten, Freunde zu finden und im Rahmen ihrer Aktivitäten gute, gesunde Beziehungen aufzubauen, anstatt in Einkaufszentren abzuhängen oder so etwas.

Genau wie beide Jungen sollte auch Bethany früh Schwimmunterricht erhalten, doch da wir ihn uns nicht leisten konnten, brachte ich es ihr selbst bei. Bald schon war sie in der örtlichen Schwimmmannschaft und gewann Schwimmwettbewerbe ihrer Altersklasse.

Durch das Schwimmen in der Mannschaft verbesserten unsere Kinder auch ihre Ausdauer im Wasser. Als Bethany sieben war, schwamm sie mühelos gut anderthalb Kilometer. Das zahlte sich aus, als sie anfing, größere Wellen weiter weg vom Strand zu surfen.

Natürlich war da das Surfen, Surfen und noch mal Surfen!

Der Surfshop von Hanalei rief ein Surfteam ins Leben. Charlie Cowden, der Inhaber, engagierte Russell Lewis als Coach und ließ die jüngeren Kinder kostenlos teilnehmen, die sich an die Trainingsregeln des Coachs hielten.

Die siebenjährige Bethany und ihre Freundin Alana meldeten sich sogleich an. Sie bekamen im Surfshop einen hübschen Rabatt, wurden mit Stickern und T-Shirts beladen und mussten zwischen den Surfgängen bestimmte Übungen machen. In einem Team mit lauter Jungen waren sie die einzigen Mädchen.

Die Kombination aus Schwimm- und Surf-Team förderte Ausdauer, Zutrauen und Können der Mädchen erheblich; bald schon gewannen sie Surfwettkämpfe und wechselten sich mit dem ersten und zweiten Platz ab. Binnen weniger Jahre wurde ersichtlich, dass Bethany das Zeug zum Profi hatte. Als ich jung war, bekam man als Profi-Surfer allenfalls etwas Kleidung oder vielleicht einen kleinen Scheck, wenn man einen Wettkampf gewann. Heute lassen Unternehmen Gewinnsummen fließen und Sponsoren bieten den erfolgreichsten Surfern auf ihren Listen Gehälter an.

Das Surfen ist für Frauen zwar noch nicht so lukrativ wie für Männer, doch sind sie längst keine Strandmiezen mehr. Jedes Mädchen, das talentiert genug ist, um die Wertungsleiter zu erklimmen, kann als Profi-Surferin ganz gut ihren Lebensunterhalt verdienen. Motiviert und ermutigt von ihrer gleichermaßen begabten Freundin Alana, wurde Bethany zu einer aufstrebenden, festen Größe auf Kauai und paddelte auch Wellen an, die selbst ältere Surfer als ganz schön groß erachteten. Als sie noch in der Grundschule war, reisten wir mit ihr schon umher, damit sie auf den anderen Inseln an den Juniorenwettkämpfen teilnehmen konnte.

Ich erinnere mich noch an den Abend, als ich mich mit Tom zusammensetzte und über Unterrichtsmöglichkeiten für unsere Tochter nachdachte. Offenbar führte ihr gottgegebenes Talent sie in eine Richtung, wo eine normale Schule nicht machbar war, zumal ihr Wettkampfplan und ihr Training zu den üblichen Unterrichtszeiten stattfanden. Wir beschlossen, sie zu Online-Schulstunden anzumelden. Alana machte dasselbe; also behielten sie sich als engste Surf- und Trainingspartner. Als Freundinnen gingen sie nach derselben Strategie vor, damit sie ihre Surferkarriere gemeinsam vorantreiben konnten.

Als Bethany 13 war, hatte sie bei den Junioren schon eine solide Erfolgsgeschichte aufzuweisen. Das hätte zu keiner besseren Zeit kommen können, denn die Jungen gingen schon ihre eigenen Wege. Noah hatte seine zweijährige Ausbildung an der *Heald Business School* abgeschlossen und schlug jetzt seine Fotografenlaufbahn ein; Timmy beendete die High School und sah zuversichtlich in die Zukunft. Daher konnte ich mich überwiegend auf Bethany konzentrieren. Ich wurde ihre Surf-Mama und -Trainerin, ihr jubelnder Fan, ihre Köchin, Chauffeurin und Waschfrau. Ich machte sogar Videoaufnahmen von ihr beim Surfen, damit wir sie hinterher besprechen konnten. Rip Curl wurde auf sie aufmerksam und ihr Sponsor, was eine wichtige Unterstützung war.

Der Rest der Familie half Bethany nach Kräften bei ihrer erfolgreichen Karriere. Timmy ermutigte sie, in größere Wellen zu paddeln. Tom und ich machten stundenlang Videoaufnahmen und Noah Hunderte Fotos von ihr. Durch nichts lernt man besser surfen, als wenn man sich selbst beobachtet, um dann Fehler und schlechte Gewohnheiten zu korrigieren.

Die Aussichten, dass die 13-jährige Bethany noch vor Abschluss der High School Profi-Surferin würde, wurden immer besser. Als gläubige Christin sollte eine Surfer-Karriere nicht nur eine Möglichkeit sein, Geld zu verdienen und Trophäen oder Auszeichnungen zu erlangen, sondern auch, Gott die Ehre zu geben. Ich weiß noch, dass Bethany und ich genau darum ein paar Wochen vor dem Haiangriff beteten. Unser Gebet war: *Herr, lass Bethany ganz nach deinem Willen leben und ihr Surfen dazu dienen, dass dein Name verherrlicht und geehrt wird.* Uns kam überhaupt nicht in den Sinn, auf welche Weise Gott unser Gebet erhören würde.

Unser Leben verlief in geordneten Bahnen. Ich wachte früh auf, checkte den Surf-Bericht, weckte Bethany und erzählte ihr, wo sie an diesem Tag die beste Brandung zu erwarten hätte. Wir tranken rasch einen Fruchtsaft, packten unsere Sachen in den Van, holten Alana ab und machten uns auf die Suche nach den Wellen. Ich nahm die Mädchen auf Video auf und brachte sie gegen 10 Uhr nach Hause, damit sie mit den Schulsachen beginnen konnten. Danach legten wir eine nachmittägliche Surf-Session ein. Nach dem Abendessen schauten wir uns das Video an, damit sie ihre Leistung auswerten konnten.

Ich hatte nie den Wunsch aufgegeben, wieder ernsthaft mit dem Surfen anzufangen. Seit Noahs Geburt hatte ich meinen Wunsch beiseitegeschoben. Jetzt hielt ich es an der Zeit, wieder aufs Board zu steigen. Vor meinem geistigen Auge sah ich mich mit den Mädchen surfen. Das wäre doch toll!

Doch erst musste ich wieder in Form kommen.

Zu surfen, egal welche Wellen, bedeutet Kraft und Ausdauer. Man muss es aushalten, vom Brett gefegt zu werden, muss die Luft unter herabbrechenden Wassermassen anhalten und im brandenden Lineup* paddeln können. Ich war weit entfernt von meiner körperlichen Bestleistung, doch ich wusste, ich hatte die Disziplin und Motivation, das Training durchzuziehen. Ich beschloss, in den Schwimmverein zu gehen und jeden Tag mein Workout zu machen. Ich kramte meinen Wettkampf-Badeanzug und meine Schwimmbrille hervor und packte sie mit Ohrenstöpseln und einem Handtuch in meine Strandtasche. Der Tag konnte kommen.

Ich freute mich. Wenn ich hart arbeitete, könnte ich mit Noah, Timmy, Bethany und ihren Freunden draußen im Lineup* sein, wenn die Winterwellen allmählich kamen. Natürlich würde auch Tom dabei sein.

Ich sah auf den Kalender und wurde daran erinnert, dass wir den 31. Oktober hatten. Ich wollte Bethany zum Surfen am Strand absetzen, nach Hause fahren, mir meine Schwimmsachen schnappen und im Pool mit meinem längst überfälligen Fitnesstraining beginnen. Der Tag war bestens geeignet, um an meinen Träumen zu arbeiten.

Nur manchmal kommt es eben anders als geplant.

# Im Schatten des Todes

*Ihr gedachtet es böse mit mir zu machen, aber Gott ge-*
*dachte es gut zu machen, um zu tun, was jetzt am Tage*
*ist, nämlich am Leben zu erhalten ein großes Volk.*
1. MOSE 50,20 (LÜ)

Am späten Donnerstagnachmittag, nach unserer Ein-
kaufstour in den Gebrauchtwarenladen, wo Alana und
Bethany sich Halloween-Kostüme kauften, brachte ich
die beiden zu einem Surfbreak* namens Tunnels. Hier
habe ich das erste Mal auf Kauai gesurft. Wir waren erst
an einem anderen Spot*, der nach Surfspaß aussah, doch
er war überfüllt und bot nicht genügend Wellen für die
Menschen, die schon draußen waren. Also landeten wir
in Tunnels.

An dem Tag kamen kleine Wellen um eine Ecke des
Riffs herum geplätschert; das Meer war spiegelglatt,
Wind blies praktisch keiner. Es war 17 Uhr. Ich sagte den
Mädchen, sie könnten hinauspaddeln und sich ein paar
Wellen schnappen, während ich am Strand sitzen und
mein Buch lesen wollte. Was niemand von uns wusste,
war, dass ein Hai die Surfer vertrieben hatte, die gerade

an Land gegangen waren. Hätten wir das gewusst, hätten wir unsere Pläne für diesen und auch für den nächsten Tag geändert.

Als die Mädchen am Lineup* waren, braute sich aus dem Nichts ein außergewöhnlicher Sturm zusammen, blies die kleinen Wellen auseinander und durchnässte uns alle. Ich stellte mich unter den Bäumen unter, die Mädchen paddelten zum Strand zurück, ohne eine einzige Welle erwischt zu haben. Ich frage mich manchmal, ob dieses Unwetter zu Gottes Vorsehung gehörte, um etwas zu verhindern, als niemand draußen im Wasser war, der hätte helfen können.

Am nächsten Morgen, dem Freitag, war mir bewusst, dass der Tag sehr voll würde. Die Mädchen waren jetzt älter und stärker und würden bald die gewaltigeren Reefbreaks* surfen, die für mich zu weit draußen waren, um dort zu filmen. Meine Strandtasche war fertig gepackt, um schwimmen zu gehen, nachdem ich sie zum Surfen gebracht hätte. Ich musste trainieren, um 60 Bahnen zu schaffen, ohne erschöpft zu sein, wenn ich wieder surfen und mit dem schwereren Zeug mithalten wollte, auf das die Kinder jetzt zupaddelten.

Timmy frühstückte, doch Tom musste nüchtern bleiben, weil er wegen einer Knieoperation ins Krankenhaus musste (er hatte sich vor ein paar Jahren beim Surfen den Meniskus gerissen und der hatte ihn jüngst wieder gezwickt). Timmy setzte seinen Vater im Krankenhaus ab und fuhr weiter zur *Kapaa High School.*

Es war der 31. Oktober, Vorabend des Halloween 2003. Die 13-jährige Bethany und ihre gleichaltrige Freundin Alana hatten ihre Kostüme für das Vergnügen am Abend fertig. Sie und Alana waren im Gebrauchtwarenladen von Kilauea umhergestreift und hatten die passende Verkleidung für „Men in Black" aufgetrieben – Anzug, Halbschuhe, Hut und Sonnenbrille. Die Mädchen wollten zuerst mit Sarah Hill zum *Fall Festival,* einem

Herbstfest der Gemeinde, gehen und dann mit dem Spruch „Süßes oder Saures" durch die Nachbarschaft ziehen.

Ich checkte den Surf-Bericht.

Der Oktober ist ein sonderbarer Monat, denn die Swells* wechseln von südlicher auf nördliche Richtung und brechen gelegentlich aus beiden Richtungen gleichzeitig los. Der Surf-Bericht bot nicht viel Anlass zu Hoffnung, doch zu den Pflichten eines Profi-Surfers gehört, in kleinen albernen Wellen zu „shredden", also aggressiv zu surfen, was bei einem Wettbewerb üblicherweise schon alles ist. Man kann Wellen vorhersagen, soviel man will, aber sie lassen sich am Morgen eines Wettbewerbstages nicht immer blicken.

Gemäß unseres Rituals half mir Ginger, unser Hund, Bethany zu wecken.

„Aufwachen", sagte ich. „Lass uns mal nach der Brandung schauen."

Mein Job an diesem Morgen war das Chauffieren. Ich wollte auch Surfgänge filmen, wenn sich die Wellen lohnten. Wir fuhren mit unserem Van mit dem Spitznamen „Blue Crush", einem hässlichen blauen Ungetüm, in das man aber alle sandigen, gewachsten Teile, nassen Handtücher und Badeanzüge hineinquetschen konnte, ganz zu schweigen von vielen zusätzlichen Kindern und Surfboards.

Im Wilcox Hospital freute sich Tom zwar nicht gerade auf seine Operation, doch da sein Knie zum zweiten Mal „repariert" werden musste, meinte er, es wäre doch ganz interessant, bei der OP zuzuschauen; also entschloss er sich zu einer Lumbalpunktion statt Vollnarkose. Bethany brauchte ihre Zeit, um sich fertigzumachen, also bereitete ich ihr ein Schälchen Rosinenkleie vor, die sie während der Fahrt auf der Suche nach den Wellen essen konnte. Wir riefen Alana an, ob sie mitkommen wolle, doch im Gegensatz zu Bethany ist Alana nicht unbedingt eine Frühaufsteherin. Genau wie wir sind die Blanchards eine Familie aus eingefleischten Surfern mit einem ähnlichen Tagesablauf – sie würden also nicht lange auf sich warten lassen, nachdem sie Alanas kleinen Bruder zur Schule von Hanalei gebracht hätten.

Die Sonne brach sich gerade am Horizont Bahn, als wir auf der Suche nach der Brandung den Hügel hinunter fuhren. Wenn man sich die Straße nach Hanalei hinab schlängelt, hat man einen spektakulären Blick über die Bucht. Sie lag flach da, ohne weiße Wasserlinien, die sich brechende Wellen angezeigt hätten.

Anstatt das Unternehmen abzublasen, beschlossen wir, ganz ans andere Ende der Straße zu fahren. Man weiß nie, wann einer der anderen Surfspots* etwas zum Surfen hat.

Nach einer erfolglosen Suche wollte Bethany aufgeben und nach Hause fahren, um ihre Online-Hausaufgaben zu machen. Auf dem Heimweg entdeckten wir Alana, ihren Vater Holt und ihren Bruder Byron. Sie fuhren gerade auf den Parkplatz von Tunnels, um nach der Brandung zu schauen.

„He, da ist ja etwas Brandung", sagten sie. „Zwar klein, aber ..."

Sie war richtig winzig, doch die Aussicht, mit Alana surfen zu gehen, statt ihre Schulsachen zu machen, begeisterte Bethany. „Darf ich mit ihnen hier bleiben?", fragte sie mich.

„Wahrscheinlich surfen wir nur eine Stunde", sagte Holt. „Wenn wir fertig sind, bringe ich sie nach Hause."

Es würde mich wohl nur ein paar Minuten extra kosten, mir meine Schwimmsachen zu packen und in den Pool zu springen. „Toll!", stimmte ich begeistert zu.

Bethany holte schon ihr Board und Handtuch aus dem Van.

Als ich wendete und davonfuhr, sah ich Jeff Walba sein Board wachsen. Jeff war ein Stammgast am North Shore, der eine ganze Weile nicht auf der Insel gewesen war. Ich weiß noch, wie ich dachte: *Meine Güte, den habe ich ja seit Jahren nicht gesehen.* Doch es war keine Zeit für ein Schwätzchen; ich war schon unterwegs, um mit dem Training für meine lange aufgeschobene Rückkehr zum Surfen anzufangen.

Es war schon fast 7:30 Uhr, als ich nach Hause kam und mir mein Zeug schnappte. Ich war beinahe wieder zur Tür hinaus, als das Telefon klingelte. Erst wollte ich nicht abnehmen, da ich ja etwas vorhatte, doch dann kam mir der Gedanke, es könne Bethany sein, die abgeholt werden wolle. Ich sah auf die Anruferkennung und war irritiert, weil Jeff Walbas Nummer angezeigt wurde.

*Was kann der denn wollen?*, dachte ich, als ich abnahm.

Ich werde nie seine Worte vergessen. „Cheri, es hat einen Unfall gegeben. Du musst ins Krankenhaus fahren. Deine Tochter wurde von einem Hai angegriffen."

Mein erster Impuls war, es handle sich um einen Scherz von Bethany und sie würde sich gleich das Telefon schnappen und sagen: „Okay, du kannst mich abholen, ich will nach Hause."

Daher sagte ich: „Na komm, was ist wirklich los?"

Jeff, den meine Frage zweifellos verblüffte, wurde sehr ernst und sagte mit gepresster Stimme: „Nein, wirklich, sie ist von einem Hai angegriffen worden."

Das Adrenalin schoss durch meinen Körper!

Ich weckte Noah und kreischte: „Wir müssen ins Krankenhaus, Bethany wurde von einem Hai angegriffen."

„Was ist passiert?" Er war groggy, versuchte zu verstehen. Dann wollte er Antworten, Einzelheiten. Doch ich wusste gar nichts.

Wieder klingelte das Telefon. Dieses Mal war es die Polizei, die mir mitteilte, meine Tochter sei von einem Hai angegriffen worden und nun mit dem Krankenwagen auf dem Weg ins Krankenhaus. Ich fragte den Polizisten nach ihrem Zustand, doch er erwiderte, er dürfe mir keine weiteren Informationen geben.

Ich packte eine Tasche mit Sachen, die für ein paar Tage im Krankenhaus reichen würden, und bat den *Club 700*[6] zu beten. Dann stürmte ich zur Tür hinaus. Ich wartete nicht auf Noah, denn er rief gerade Sarah Hill an.

---

6  Eine christliche Talksendung, in der Menschen von ihren besonderen Erfahrungen mit Gott erzählen.

Was an diesem verhängnisvollen Morgen an Halloween passierte, wurde schon häufig erzählt, zum Beispiel in Bethanys Buch und Film *Soul Surfer*. Doch für alle Fälle fasse ich es kurz zusammen. Vier Surfer – Holt, Byron, Alana und Bethany – paddelten zehn Minuten hinaus, um in den Wellen von Tunnels zu surfen. Ich war nach Hause gefahren, um in der Nähe schwimmen zu gehen. Tunnels ist ein Riff etwa 400 Meter vor der Küste im tiefen Wasser. Alle wussten, es würde nur eine kurze Session, ein leichtes Training, um die Morgensonne und die kleinen, doch sauber brechenden Wellen zu genießen. Bethany hatte erst ein, zwei Wellen erwischt, lag nun auf ihrem Surfboard, ließ den Arm ins blau glitzernde Wasser baumeln und wartete ab, dass eine Welle auf sie zukäme. Sie war nur wenige Meter von Alana entfernt, als sie ein Ruckeln und Zerren an ihrem linken Arm spürte. Beim Blick über die Schulter sah sie aus dem Augenwinkel ein graues Etwas, das dahin zurückschwamm, wo es hergekommen war.

Mit gespenstisch ruhiger Stimme rief sie zu Alana hinüber, jedoch laut genug, dass alle es hören konnten: „Ich bin gerade von einem Hai angegriffen worden." Der Angriff war leise und schnell gewesen, doch im Bruchteil einer Sekunde hatte ihr der Hai den Arm an der Schulter abgebissen und in ihrem Surfboard einen riesigen halbmondförmigen Beißabdruck hinterlassen.

Im ersten Augenblick waren die Blanchards wie gelähmt, doch dann wurde Holt aktiv. Er sah eine kleine Welle kommen. „Die nimmst du", sagte er zu Bethany, die auf ihrem Board lag, und schob sie in die Welle. Byron erwischte dieselbe Welle und blieb neben ihr, während Alana und Holt die nächste Welle nahmen.

Sie holten sie rasch ein und halfen Byron, Bethany auf ihrem Board über den Rest des Riffs zu ziehen. Die Wellen hatten sie teilweise über das seichte Riff getragen; dann mussten sie das restliche Stück bis zum Ende der zerklüfteten Felsinsel kriechen. Byron tauschte mit Bethany das Brett, damit sie besser bis zum Strand gleiten könnte.

Holt befahl Byron mit erhobener Stimme: „Los, mach schon! Ruf die Notfallnummer an, warte nicht auf uns!" Zwischenzeitlich hatte Holt sein T-Shirt ausgezogen und es Bethany als provisorische Aderpresse um den verbliebenen Teil ihres abgetrennten Arms gebunden.

„Halte dich an meiner Surfhose fest und lass nicht los, Bethany", sagte er. Alana ließ er neben Bethany paddeln, damit sie physisch und geistig über Wasser blieb. Alana blieb dicht an ihrer Seite und wusste, dass im Wasser jede Menge Blut war. Alana hatte alle Mühe mit der schrecklichen Situation, begann aber nicht zu weinen. Den langen Rückweg zum Strand durch den tiefen dunklen Kanal zu schwimmen erschien ihnen allen nicht sicher genug, als sie Bethany an Land bugsierten.

Byron hatte keinen Autoschlüssel, sodass er ein Fenster einschlagen musste, um an das Handy zu kommen. Alana musste sich an Land erst einmal übergeben. Eine Strandbesucherin rannte in ihre nahe gelegene Ferienwohnung, um ihren Mann – einen Sanitäter – zu holen, der sofort zu Hilfe eilte, als Bethany aus dem Wasser kam.

Kaum war Bethany am Strand, wurde sie mit dem Rücken aufs Surfbrett gelegt; Holt ersetzte das T-Shirt, das als Aderpresse diente, durch eine Fangleine, die mit dem starken Klettverschluss sehr fest hielt. Ein kleiner Hund kam herbei, lugte in Bethanys weißes Gesicht und heiterte sie auf. Jemand rief: „Holt die Strandwache!" Bethany selbst musste daran erinnern, dass so früh am Morgen noch niemand Dienst hatte.

Nachdem der Sanitäter den Wundbereich untersucht hatte, sagte er zu Holt, er habe hervorragende Arbeit mit der Fangleine geleistet. Dann wurde Bethany auf dem Surfbrett als Trage hinten in Holts Wagen geschoben.

Der Rettungsdienst raste bereits Richtung Tunnels, als Jeff Walba, der noch am Strand war, mich als Erster anrief. Meine Nummer muss er von Holt oder Alana bekommen haben.

Es kamen einige entscheidende Dinge – manche würden von Zufällen reden – zusammen, die Bethany an diesem einschneidenden Morgen das Leben retteten. Zum einen war die Flut hoch genug, dass alle über den seichtesten Teil des Riffs paddeln konnten. Eine Stunde später und Holt hätte Bethany über das zerklüftete Riff tragen und ganz um die breite Bucht herum paddeln müssen, was viel länger gedauert hätte.

Der Blutverlust war längst nicht so groß, wie er bei so einer Verletzung hätte sein können. Schließlich hatten die gezackten Zähne des Hais ein großes Blutgefäß verletzt. Dr. Ken Pierce, der auch surft und an diesem Tag Notdienst hatte, erwartete Bethany bereits. Dr. Pierce hatte Noahs Freund Mike Coots behandelt, dem 1998 nach einem Haiangriff der untere Teil des Beins amputiert wurde.

Er erklärte uns, dass sich bei so einer großen Wunde die Venen manchmal tatsächlich einrollen, was den Blutverlust einschränkt. Und Holts und Byrons besonnenes Handeln können wir nie vergessen oder wiedergutmachen. Trotz seiner persönlichen Angst oder Erschütterung haben Holts rasches Denken und sein beherrschtes Handeln Betty das Leben gerettet, wofür ich ihm immer dankbar sein werde.

Dann waren da noch die tröstlichen Worte des Sanitäters, mit dem wir in derselben Gemeinde gewesen waren, die er Bethany ins Ohr flüsterte, als sie in den Krankenwagen geladen wurde: „Gott wird dich nicht verlassen noch von dir weichen." Diese Worte stellten die Weichen für alles, was noch kam.

Ich für meinen Teil war außer mir, als ich die Nachricht bekam, und raste ohne meinen Sohn ins Krankenhaus, der sich um seine Schwester genauso große Sorgen machte wie ich. Ich wollte von Bethany hören, was sie nach dem Haiangriff gedacht hatte, als die Blanchards ihr das Leben retteten. Sie errötete leicht. „Na ja, das Erste, das mir in den Sinn kam, war: *Verliere ich jetzt meine Sponsoren?*"

Niemand weiß so richtig, wie er oder sie in einer großen Krise reagiert, oder in der Impact Zone*, wie wir Surfer sagen, bis man mittendrin steckt.

Als ich die zweispurige Straße entlang zum Krankenhaus raste, dachte ich nichts von alledem, noch wusste ich überhaupt, was da am Strand passiert war. Ich wusste bloß, dass ein Hai Bethany angegriffen hatte.

Da klingelte mein Handy. Es war Holt.

„Wo bist du?"

„Unterwegs zum Krankenhaus." Meine Stimme klang hohl.

„Das ist gut", sagte er leise.

„Wie geht es ihr? Was ist denn passiert?"

„Du ... du weißt es noch nicht?" Er schwieg kurz. „Cheri ... ihr Arm ist ab."

Ich hatte mir eine üble Wunde vorgestellt, die mit vielen Stichen genäht werden musste und monatelange Reha erforderte, doch in diesem Augenblick verlor ich die Fassung. Ich ließ mein Handy fallen und fuhr an den Straßenrand, denn ich konnte vor lauter Tränen nicht mehr fahren. Dann hörte ich Sirenen und bald darauf brauste ein Krankenwagen an mir vorbei. Ich wusste, dass Bethany sehr wahrscheinlich darin war. Irgendwie bekam ich mein Weinen in den Griff und fuhr zügig hinterher.

Bei aller Anspannung fiel mir ein, dass es in den Psalmen heißt, in schwierigen Zeiten ist es gut, Gott zu loben. Bethany und ich hatten eine CD von David Crowder gehört. Die drehte ich jetzt sehr laut auf und sang mit, um Gott durch den Tränenschleier hindurch zu loben.

So fuhr ich etwa acht Kilometer die Straße entlang, als ich hinter mir Blaulichter sah und eine Sirene hörte.

„Ziemlich schnell unterwegs", sagte der Polizist, als ich an die Seite gefahren war.

Wie erklärt man so eine Situation? Ich versuchte es, fürchte jedoch, es kam nur Gestammel heraus. Doch der Haiangriff hatte sich bereits auf der ganzen Insel herumgesprochen, also auch im Polizeifunk. Daher warnte er mich, den Krankenwagen nicht zu verfolgen. Ich solle heil ans Ziel zu kommen, nicht als Opfer eines Verkehrsunfalls. Dann ließ er mich weiterfahren. Wir hätten auch zu dritt im OP landen können!

Währenddessen fuhr Noah mit Sarah Hill ins Krankenhaus. Unterwegs telefonierte er, denn er wollte unbedingt weitere Informationen bekommen, doch nur ganz wenige Leute hatten mehr als kleinste Informationsfetzen.

Noah rief Mike Dennis an, einen eingefleischten Surfer und Freund der Familie, der in der Nähe von Tunnels wohnt, und bat ihn, die Lage auszukundschaften. Mike, der im selben Hotel kellnerte wie Tom, wusste nichts, hatte aber wenige Minuten zuvor den Krankenwagen vorbeirauschen hören. Er versprach, umgehend mit dem Rad zu dem winzigen Parkplatz von Tunnels zu fahren und die Lage zu peilen. Bald darauf teilte er Noah die grässlichen Neuigkeiten mit.

In der angespannten Ungewissheit hatte Sarah unablässig gebetet, seit sie erfahren hatte, dass Bethany etwas zugestoßen war. Vor allem bat sie Gott, er möge ihr eine Bibelstelle in den Sinn geben, mit der sie unsere Familie trösten könnte. „Jeremia 29,11", sagte sie zu Noah in das gespannte Schweigen, als sie zum Krankenhaus kamen. „Denn ich allein weiß, was ich mit euch vorhabe: Ich, der Herr, werde euch Frieden schenken und euch aus dem Leid befreien. Ich gebe euch wieder Zukunft und Hoffnung."

Dieser Vers wurde uns zum Eckstein der Hoffnung für alles, was wir durchgemacht haben und was uns noch bevorstehen mag. Ich weiß nicht, wie sehr Noah diese Worte durchdrangen, als er an jenem beängstigendem Tag unterwegs war zum Krankenhaus, doch in den darauf folgenden Wochen schenkten sie uns allen Ermutigung, und umso mehr in den Jahren danach.

Noahs Handy klingelte. Mike Dennis rief zurück. Bethany hatte ihren ganzen Arm verloren.

Noah schaffte es noch, sich zu bedanken und legte auf. Er lehnte sich aus dem Fenster von Sarahs Wagen, weil er meinte, sich übergeben zu müssen.

Tim war an der *Kapaa High School*, als ihn die Nachricht erreichte, oder zumindest eine verstümmelte Version davon. Er bekam etwas mit von einem Familienmitglied im Krankenhaus, was er natürlich schon wusste, denn er hatte seinen Vater zu einer Knie-OP gefahren. Doch dann klärte ein zweiter Anruf, was früh am Morgen geschehen war, und er stürzte ohne ein Wort aus der Hausaufgabenbetreuung zu seinem Suzuki und raste zum Krankenhaus.

Tom wiederum lag zwar schon im Krankenhaus, doch für ihn war es vermutlich am schlimmsten, als er von Bethanys Unfall erfuhr. Tom hatte bereits die Narkose für seine Knie-OP bekommen und war von der Hüfte abwärts gelähmt. Gerade sollte der erste Schnitt gesetzt werden, als die Meldung kam, jemand sei von einem Hai angegriffen worden und es müsse sofort eine Not-OP durchgeführt werden.

Dr. David Rovinski, der orthopädische Chirurg und selbst auch Surfer, kam zu Tom und sagte ihm, der Eingriff müsse verschoben werden, da der Operationssaal jetzt für das Opfer eines Haiangriffs – ein 13-jähriges Mädchen – geräumt werden müsse.

Tom wurde aschfahl. Er wusste, es gab nur zwei Mädchen, die an einem Schultag surften. „Wer ist es?", fragte Tom.

„Ich weiß es nicht. Ich erkundige mich mal", sagte Dr. Rovinski. Kurz darauf kehrte er mit der verhängnisvollen Nachricht zurück. „Ein junges Mädchen vom North Shore."

Dr. Rovinski sah den Blick meines Mannes. „Tom, ich finde heraus, was ich kann."

Für Tom waren es die längsten fünf Minuten seines Lebens, als er auf Dr. Rovinskis Rückkehr wartete.

Aus dessen Gesicht war alle Farbe gewichen. „Tom, es ist Bethany", sagte er leise. „Es heißt, sie ist stabil, aber das ist alles, was ich bisher weiß. Aber ich muss dich jetzt hier herausbringen; wir brauchen diesen OP für Bethany."

Während Familie und Freunde allmählich im Krankenhaus eintrafen, lag Tom allein auf der Liege und hätte so gerne durch Willensanstrengung seine tauben, nutzlosen Beine zum Gehen bewegt.

Bethany wurde gerade in den OP geschoben, als ich ankam. Ich wurde in einen großen Besprechungsraum geführt. Dort saßen nicht nur Noah, Timmy und Sarah, sondern auch viele Freunde und Nachbarn – mindestens 30 Personen. Und es sollten noch mehr werden, denn es war noch früh.

Bald schon brachte jemand von der Verwaltung mich zu Bethany. Ich dachte, mein Herz würde zerspringen. Sie war wach und lächelte mich leicht an.

*Sie lebt! Danke, Herr, dass sie lebt!*, jubelte ich innerlich.

Ich sah sie bloß mit Tränen in den Augen an. Mir fiel eine rote Fangleine um ihren Bauch auf, von der ich wusste, dass sie Holt gehörte. Ich wollte sie gerade losbinden und ihm zurückgeben, als ich von einem der Ärzte aufgehalten wurde.

„Lassen Sie sie!", sagte er. „Sie dient noch als Aderpresse und wir wollen sie erst entfernen, wenn wir im OP sind."

Ich sah ihr in die Augen und dann hinab zu ihren sandigen Füßen und sagte: „Wird schon wieder." Dann lachten wir beide etwas, denn sie wusste, dass mir dieser Spruch missfällt. Ich hatte immer darauf hingewiesen, dass in Filmen immer jemand sagt, dass es schon wieder wird, selbst nach dem verheerendsten Ereignis, nach dem nichts mehr so wird, wie es vorher war. Genau, wie Helen es in *Soul Surfer* sagt. Das sagen Leute, wenn etwas Grauenvolles passiert ist und ein Darsteller zu einem Opfer geht, das gerade den Ehemann bei einem Flugzeugabsturz verloren hat oder in einem Brief mitgeteilt bekommt, dass der älteste Sohn bei einer Kampfhandlung getötet wurde.

Über den Spruch rege ich mich total auf, und Bethany weiß das. Es wurde so etwas wie ein Insider-Witz. Ich bringe es sogar fertig und schreie den Fernseher an: „Was soll das heißen, wird schon wieder? Wie soll das denn gehen? Da hat jemand einen lieben Menschen verloren und die Welt steht auf dem Kopf, *also wie bitteschön soll denn alles wieder werden?!*"

Vielleicht wird meine überzogene Reaktion dadurch ausgelöst, dass meine Tante diesen Kommentar abgab, als meine Eltern sagten, sie würden sich scheiden lassen. Da wurde nichts wieder. Ihre Scheidung war für mich *immer* schmerzhaft.

Aber als ich diese Worte zu Bethany sagte, die eine Fangleine vor dem Verbluten rettete (sie hatte fast 60 Prozent Blut verloren) ... da *wusste* ich, es würde schon wieder werden. Damit behauptete ich nicht, es werde keine Kämpfe oder Komplikationen geben; ich spürte nur, dass mit Gottes Hilfe alles nach seinem Willen verlaufen werde. Als ich das sagte, wusste ich, Bethany würde unseren Insider-Witz erfassen und auch, dass es mir in diesem Fall ganz ernst war.

Mein Mann wurde nicht allzu lange vergessen. Kaum hatte ich Bethany gesehen, suchte ich Tom und versicherte ihm, sie sei in guten Händen. Während er darauf wartete, wieder Gefühl in den Beinen zu haben, weinten wir ein paar Tränen und beteten miteinander.

Derweil wurde Bethany operiert. Dr. Rovinski und seine Mitarbeiter säuberten die Wunde mit äußerster Sorgfalt, bevor sie sie nähten, denn Haibisse neigen zu bestimmten bakteriellen Infektionen.

Im Besprechungszimmer kamen immer mehr Freunde, Nachbarn und Gläubige von der ganzen Insel zusammen. Die „Buschtrommel" war genauso aktiv wie die Gebete, die dazu beitrugen, den Weg für die unglaublichen Dinge zu ebnen, die aus unserer Tragödie erwachsen sollten.

Doch ich war nicht in Trauerstimmung. Vielmehr war ich voller Freude und Dank, dass Bethany in Sicherheit war und lebte, auch wenn sie nicht ganz unversehrt war. Schock und Angst des Morgens waren ersetzt worden von friedvoller Erschöpfung.

Meine Mutter, die damals im Osten von Kauai lebte, erschien gerade, als uns die Krankenschwester in Bethanys Zimmer brachte, wo wir auf sie warten konnten. Als Bethany endlich aus dem OP kam, folgte ich ihrem rollbaren Bett und sank auf den Stuhl an ihrer Seite. Oma war auch dabei und wenig später mussten wir alle herzhaft lachen, als Bethany ihre Rosinenkleie erbrach!

Verwandte und enge Freunde gaben sich die Klinke in die Hand. Das Zimmer füllte sich mit Blumen, Karten und Ballons – und zwar so vielen, dass wir sie sogar in die Dusche brachten. Ich weiß noch, dass ich damals dachte, das Krankenzimmer habe sich in so etwas wie den Garten Eden verwandelt, so dufteten die wunderschönen Blumensträuße.

Als Tom endlich wieder seine Beine bewegen konnte, schaffte er es auch an Bethanys Bett. Da Bethany so viel Blut verloren hatte, hielten die Ärzte Bluttransfusionen für notwendig. Unter den gegebenen Umständen willigten wir vorsichtig ein.

Aus irgendeinem Grund rief das bei Tom eine starke Reaktion hervor. Er verlangte zu wissen, ob die Blutvorräte des Krankenhauses sicher wären. Es war verstörend, wie Tom mit seiner Anspannung rang. Auf jeden Fall reagierte er auf die Situation anders als ich. Es traf ihn hart, sein kleines Mädchen leiden zu sehen, ohne es jemandem vorwerfen oder es wieder hinbekommen zu können.

In solchen Situationen neigt man dazu, Gott Vorwürfe zu machen. *Warum sie?* Für meinen Mann begann ein langer, mühsamer Kampf damit, Gottes Güte zu hinterfragen. Er behielt es für sich, doch der Gedanke war da und er grübelte lange darüber nach.

Darum geht es doch: Wer verdient Unglück oder irgendwelche Umstände, ob gute oder schlechte? Sind wir nicht alle Sünder und gerettet durch Gnade? Das Wasser steigt, Stürme wüten; das Leben ist voller unvermeidlicher Krisen. Nur Gott kann den Sturm stillen und uns in seiner Hand halten.

Tom hatte nicht viel Zeit, seine Ängste und Verzweiflung kritisch unter die Lupe zu nehmen. Das Krankenhaus war voll von mitfühlenden Freunden, die ihn und unsere Familie einfach in den Arm nehmen und ihn wissen lassen wollten, dass sie da waren.

Wir ahnten nicht, dass ein Medienrummel über Kauai hereinbrechen würde, um diese ergreifende Geschichte, die in den Nachrichtensendern ausgebreitet würde, auszuschöpfen: Eine junge, vielversprechende Surferin, die von einem Hai übel zugerichtet wird ... das ist doch *die* Story. Doch die Welle schwindelerregenden Wahnsinns hatte uns noch nicht erfasst; in diesem Augenblick im Krankenzimmer atmete ich den herrlichen Duft der Blumen ein, starrte auf den riesigen Verband an der Stelle, wo eigentlich Bethanys linker Arm sein sollte und konnte nur sagen: *Danke, Gott, dass du ihr das Leben gerettet hast.*

Unsere Reise an diese Stelle hatte vor langer Zeit begonnen, doch von diesem Augenblick an nahm sie eine vollkommen andere Entwicklung, die niemand von uns hätte vorhersehen können, und die uns Hoffnung in der Dunkelheit brachte.

# Der Hai mit der gezackten Flosse

*„Kannst du den Leviatan am Angelhaken aus dem Was-*
*ser ziehen oder seine Zunge mit einem Seil hinunterdrü-*
*cken? Kannst du ihm einen Strick durch die Nase ziehen*
*oder sein Kinn mit einem Haken durchstechen?*
HIOB 40, 25-26 (HFA)

*„Er hat mich zu seiner Zielscheibe gemacht.“*
HIOB 16,12 (HFA)

Die Sonne ging unter, als Tom und ich uns nach einer
Woche bereit machten, das Krankenhaus zu verlassen.
Da kam Billy Hamilton, Toms früherer Zimmergenosse,
ins Krankenzimmer, um Bethany Aloha zu sagen. Billy
gilt als einer der bekanntesten und einflussreichsten Surfer der Welt. Er kam zu Tom und sagte halblaut: „Ich
glaube, der Hai, der Bethany angegriffen hat, ist genau
der, der an den Surfspots* am North Shore gesichtet wurde. An mehreren Stellen hat er noch ein paar andere Surfer verfolgt. Er verhält sich bösartig und scheint ein ag-

gressiver Einzelgänger zu sein. Über kurz oder lang greift er bestimmt wieder jemanden an."

„Woher willst du denn sicher wissen, dass es genau der Hai ist?"

„Er hat eine wirklich gut erkennbare gezackte Flosse", erwiderte Bill. „Er ist direkt durch das Lineup* von Hanalei geschwommen und drangsalierte Surfer und einen Taucher." Seine Stimme war fest. „Und Tom, die Strandwächter von Tunnels haben auf Jetskis mit einer großen Kühlbox, falls sie ihren Arm gefunden hätten, direkt nach dem Angriff den Hai gesucht. Das Tier hat sich auf dem Riff trocknen lassen und zog dann weiter. Tom, ich glaube, mit dem Tier stimmt wirklich etwas nicht. Wärst du damit einverstanden, wenn wir ihn jagen und erlegen?"

Tom wusste, dass Bill Hamilton nicht überreagierte. Bill war ein versierter Schiffer, Fischer, Surfboard-Hersteller und als Surf-Pionier eine Legende auf der ganzen Welt. Bill ist der Vater des weltbekannten Big Wave Surfers* Laird Hamilton und seines Bruders Lyon. Laird hatte Bill seine Mutter vorgestellt, woraufhin die beiden rasch heirateten. Dem kleinen Laird war Bill aufgefallen, als er am North Shore von Oahu surfte.

In Filmen werden Haie oft so dargestellt, als würden sie alles und jeden angreifen, vor allem Menschen. In Wirklichkeit sind Haie einfach Raubfische, die normalerweise ihre Bahnen nicht verlassen, um Menschen anzugreifen, wenn ihre natürliche Beute doch so reichlich vorhanden ist. Tiere greifen manchmal an, wenn sie sich bedroht fühlen, doch ein Hai, der sich beharrlich an Surfer heranmacht, fühlt sich nicht bedroht, sondern ist mehr als ein normales Raubtier, nämlich bösartig.

Für alle, die nicht an einem Strand – und vor allem nicht auf Hawaii – leben, ist es wohl keine Frage, dass man einen Hai erlegt, der in beliebten Surf- oder Schwimmbereichen Menschen angreift. Doch jeder Surfer weiß, dass es zu den Risiken der Sportart gehört, einem Hai zu begegnen. Etwas anderes ist es jedoch bei einem aggressiven Einzelgänger. Er verlässt seine gewohnten Bahnen, um Menschen zu beunruhigen.

Es gab einen weiteren möglichen Einwand. Mancher auf Hawaii bewahrt das Erbe der alten hawaiischen Kultur. Der Hai – oder *Mano* – war ein *Aumakua* oder Familiengott, der behütet werden musste. In alten Zeiten glaubte man, ein verstorbener Angehöriger verwandle sich in einen Hai oder eine abgeschiedene Seele ergreife Besitz von einem Hai. Oft hielt man einen bestimmten Hai für einen ganz spezifischen toten Angehörigen und die Familie fütterte und umsorgte das Tier sogar. Viele Hawaiianer halten zwar nicht mehr an diesen alten animistischen Vorstellungen fest, doch innerhalb mancher Gruppen gab es ein Wiederaufleben dieser Ideen.

Tom wog das alles gut ab. Dann erwiderte er: „Du würdest mir den Tag retten ... nein, sogar das ganze *Jahr* ... wenn du dieses Monster kriegen könntest. Denn es soll keine andere Familie durchmachen, was wir jetzt durchmachen."

Tom, Bill und ich sprachen das gemeinsam durch und ich stimmte zu. Wenn wir dem Tier nachstellten, dann aber richtig. Bill tat sich dazu mit einer weiteren Legende zusammen. Ralph Young, ein alter Seebär und Berufsfischer mit ledriger Haut und weißem Bart, war jahrzehntelang der beste Longboarder* von Kauai. Bei den jährlichen Pine Trees Surfwettkämpfen gab es zwischen Ralph und Bill für gewöhnlich ein Kopf-an-Kopf-Rennen um die ersten Plätze.

In Hawaii ist gegenseitiger Respekt wichtig; das Gemeinwesen ist zu klein und zu eng verknüpft, um die anderen rücksichtslos mit Füßen zu treten. Sie besprachen sich mit bedeutenden Mitgliedern der Gesellschaft, von denen viele selbst Surfer waren. Nachdem sie die Beweise für einen bösartigen Hai mit einer gezackten Flosse gehört hatten, stimmten die meisten von ihnen zu.

Die Jagd auf den Hai mit der zottigen Flosse begann!

Aufgrund der Aussagen der Leute, die ihn gesehen hatten und des Gebissabdrucks in Bethanys Surfbrett, schätzten Bill Hamilton und Ralph Young die Länge des Hais auf dreieinhalb bis vier Meter. Ihn zu fangen würde nicht einfach werden.

Ralph wusste von einer Unterwasserquelle neben einem beliebten Surfspot*, wo der Hai oftmals gesichtet worden war. Nach seinen Worten zog die Stelle offenbar Haie an, die hier ihren Nachwuchs bekamen – was um diese Jahreszeit der Fall war.

Bill und Ralph beschlossen, den Köder nachts auszuwerfen, denn tagsüber Haie anzulocken könnte die gefährden, die in der Nähe surften. Sie benutzten ein Stahlkabel und befestigten ihren Köder an einem großen Haken, der mit einer Boje verbunden war. Ein vier Meter langer Hai kann an die tausend Kilo wiegen und seine Kiefer sind kräftig genug, um sich alles weniger Umfangreiche zu schnappen. Im ersten Tageslicht kehrten die Fischer zurück, um zu sehen, ob über Nacht ein Besucher da gewesen war. Im Dämmerlicht erkannte Ralph, dass der Köder halb weg war.

Am nächsten Morgen war der Köder ganz weg, und zu ihrem Erstaunen war der Haken vollkommen gerade! Etwas Großes lungerte um die Quelle herum.

„Na dann", sagte Ralph, als er die Bescherung sah, „dann muss ich wohl etwas deutlicher werden."

Am nächsten Abend benutzten sie einen massiven Haken, den Ralph aus Neuseeland mitgebracht hatte, um genau solche riesigen Tiere zu jagen. Als Köder nahmen sie einen Galapagoshai, einen der am weitesten verbreiteten Haie in der Nähe von Inseln. Während der nächsten Tage befestigten sie Köder an riesigen Haken und verankerten sie tief in der Bucht.

Am fünften Tag fuhr Ralph hinaus und sah, dass sich die Leinen und Bojen verheddert hatten. Er setzte eine Tauchermaske auf und lehnte sich aus dem Boot. Da am Boden, fest gefangen an dem Kabel, war ein riesiger Tigerhai mit einer charakteristischen gezackten Rückenflosse.

Die beiden Männer zogen den Hai herauf und schleppten ihn zum Strand, wo der Hai mithilfe eines Baggers aus dem Wasser gezogen wurde. Der knapp viereinhalb Meter lange Hai begann eine Menschenmenge an den Strand zu locken, doch da Ralph und Bill kein

Drama veranstalten wollten, schleppten sie den Hai mit ihren beiden kleinen Booten aufs Meer, um den Magen aufzuschneiden und den Inhalt zu untersuchen.

Der Magen war leer.

Ralph hatte so etwas schon einmal gesehen. Wie er uns später erklärte, füllen Haie (vor allem Tigerhaie) ihren Bauch mit so viel nicht essbarem Müll, einschließlich Steinen, Dosen und Abfall, dass sich ihr Magen tatsächlich nach außen stülpt und sie den Inhalt hervorwürgen. Und wenn er recht hatte, veranlasste das große Stück Surfbrett aus Fiberglas und Hartschaum, das der Hai gefressen hatte (mitsamt dem Arm und der Armbanduhr unserer Tochter), dass der Hai seinen Mageninhalt ausspuckte. Nicht nur, weil es nicht essbar war, meinte Ralph, sondern auch, weil dadurch der Auftrieb des Hais beeinträchtigt gewesen wäre.

Die gezackte Flosse war es, die ihnen bestätigte, dass sie den Hai gefangen hatten, der Surfer gejagt hatte. Sie entsprach den vielen anderen Augenzeugenberichten, einschließlich denen der Strandwächter von Tunnels. Doch war es wirklich auch der Hai, der Bethany angegriffen hatte?

Ralph und Bill entfernten behutsam die zarte Magenwand, um sie einem hawaiischen Trommelbauer zu geben, füllten dann den riesigen Kadaver mit Steinen und überließen ihn wieder dem Ozean, aber erst nachdem sie den riesigen Kiefer abgetrennt hatten. Ein letzter Test sollte doch noch sicher belegen, dass ihre Jagd ein Erfolg gewesen war.

Tom und Bethany gingen mit ihrem verschandelten Surfboard zu Ralphs *Hale.* Sorgsam passten sie die klaffenden Kiefer in den halbmondförmigen Bissabdruck des rot-weiß-blauen Bretts ein. Er passte perfekt! Sie hatten den bösartigen Hai erwischt.

Wir feiern zwar ganz gewiss nicht die Vernichtung eines Geschöpfes Gottes, doch muss ich zugeben, dass es für uns alle ein gutes Gefühl war, dass dieses bestimmte Tier keine Jagd mehr auf andere Surfer, Taucher oder Schwimmer machen würde. Vor allem Tom war außeror-

dentlich dankbar, dass der Hai, der uns so viel Leid be-
schert hatte, durch die entschlossenen Bemühungen seiner Freunde Ralph und Bill keiner anderen Familie eine
noch größere Tragödie bereiten würde.

Monate später schenkte Ralph jedem Familienmitglied einen Zahn aus dem Haikiefer. Zu Toms Überraschung lächelte Bethany zaghaft, als sie ihren erhielt.
Diese zeremonielle Geste zog einen Schlussstrich unter
dieses traumatische Kapitel unseres Lebens.

# Furchtlose
# Leidenschaft

*„„Was kein Auge jemals sah, was kein Ohr jemals hörte
und was sich kein Mensch vorstellen kann, das hält Gott
für die bereit, die ihn lieben.""*

1. KORINTHER 2,9 (HFA)

*„Überlass alle deine Sorgen dem Herrn! Er wird dich wie-
der aufrichten; niemals lässt er den scheitern, der treu zu
ihm steht."*

PSALM 55,22 (HFA)

Wir verbrachten fünf Nächte im Krankenhaus.

Unsere Emotionen lagen blank und durchbrachen immer wieder den Damm der Selbstbeherrschung. Tom war wie benommen vor Fassungslosigkeit. Er konnte es nicht abschütteln, doch ich glaubte, dass wir voll und ganz in Gottes Hand waren.

Tom erinnert sich, dass er auf einer Fahrt, als er uns allen frische Sachen holen und daheim unseren Hund Hana versorgen wollte, in Tränen zerfloss und an den

Straßenrand fahren musste, bis er die Fassung wiedererlangt hatte. Ich erzählte Tom von dem Gespräch zwischen Bethany und mir sowie unserem Gebet, dass Gott ihr Surfen zu seiner Ehre einsetzen möge. Ich erzählte ihm, wie wir Gott gebeten hatten, sie in der Welt des Surfens zum Licht für ihn zu machen. Gottes augenscheinlich unvernünftiges Tun, nämlich dass er die Träume seiner Tochter zunichtemachte, versetzten Tom Stiche und in seinem Innern brodelte der Zorn.

Auch Holt hatte Kämpfe auszufechten. Er gab sich die Schuld an dem, was geschehen war, obwohl er in unseren Augen der Held war, der unserer Tochter das Leben gerettet hatte. Er meinte, er hätte die Mädchen an dem Tag nicht zum Surfen ermutigen sollen. Die Wellen waren klein gewesen, nicht der Rede wert. Er fragte sich wieder und wieder, warum er die Sache nicht abgeblasen und sie alle wieder gut nach Hause gebracht hatte.

Tom redete Holt gut zu, er solle sich doch in keiner Weise für den Angriff verantwortlich fühlen. Jeder Surfer kennt das Risiko, einem Hai zu begegnen, so unwahrscheinlich es auch ist, doch die Surfleidenschaft wiegt schwerer als die Vernunft und man paddelt trotzdem hinaus. Er bestätigte Holt, wie dankbar wir ihm alle für das waren, was er getan hatte, um Bethany zu retten – ohne ihn wäre sie gestorben.

Die Erinnerung an diesen Halloween-Morgen brandete wie die Flut des Meeres durch Holts Kopf. Gleichzeitig versuchte Holt, Tom mit seinen widerstreitenden Gefühlen Mut zuzusprechen. Er wusste, was ihr Surferfolg ihr und uns allen bedeutete. Als Bethany noch im Krankenhaus lag, beschrieb Holt mögliche Szenarien für ihre weitere Surflaufbahn. „Sie könnte vermutlich noch an Longboard*-Wettkämpfen teilnehmen."

Unsere inneren und emotionalen Kämpfe waren nicht das Einzige, womit wir rangen. Die Nachricht von dem Haiangriff verbreitete sich über die „Buschtrommel" wie ein Lauffeuer, während gleichzeitig Nachrichtenagenturen die Geschichte aufgriffen und ihre Reporter nach Kauai schickten. Ich war bei Bethany im Krankenzimmer geblieben, um den Strom an befreundeten und wohlmeinenden Besucher zu regeln, doch Tom musste eine wachsende Menschenmenge und Kamerateams in der Lobby koordinieren. Die endlosen Fragen der Reporter machten ihm zu schaffen. Er konnte sie nicht wegschicken, doch in Gedanken und in seinem Herzen war er bei Bethany.

Steve Cranston, einer von Toms alten Surffreunden aus Oahu, sprang als Puffer zwischen unserer Familie und der Presse ein und half, die chaotischen Verhältnisse zu steuern. Mit seiner Hilfe suchten wir uns einen Reporter aus – Guy Hagi, Nachrichtensprecher und Surfer aus Oahu – und gaben ihm ein Exklusivinterview. Steve und das Krankenhauspersonal, besonders Lani Yukimura, bemühten sich sehr, uns vor dem großen Chaos abzuschirmen, zumal anscheinend alle versuchten, ein Interview mit Bethany zu bekommen.

Sarah Hill blieb länger als jeder andere außerhalb der Familie im Wilcox Hospital. Sarah nahm eine Woche Urlaub, kam morgens ins Krankenhaus und blieb bis spät am Abend. Kurz nach Bethanys OP stand Sarah parat. Die Worte der dreizehnjährigen Bethany berührten sie: „Sarah, ich habe die ganze Zeit bis zum Strand gebetet und gebetet. Ich bin froh, dass mir das zugestoßen ist und nicht Alana. Ich weiß nicht, ob ihr Glaube schon fest genug wäre, um damit zurechtzukommen." Sarah staunte über Bethanys Herz und Belastbarkeit, und Sarah gegenüber erwog Bethany erstmals die Möglichkeit, zum Surfen zurückzukehren.

In einem ruhigen, vertraulichen Augenblick, als keine Besucher und Verwandte das Zimmer bevölkerten, sagte Bethany mit resignierter Stimme zu Sarah: „Vielleicht könnte ich professionell Fußball spielen oder fotografieren oder so etwas."

Sarah ermutigte sie: „Wenn du mich fragst, hat Gott dir die *Gabe* des Surfens geschenkt, und ich glaube nicht, dass er sie dir weggenommen hat."

Ich gebe zu, dass niemand von uns im Geiste so kühn oder verwegen war. Wir waren zuversichtlich, dass

Bethany zumindest wieder Spaß am Schwimmen bekommen könnte. Tim brachte ihr sogar ein Paar Schwimmflossen mit, denn dann könne sie mit ihm gemeinsam Wellen auf dem Bodyboard* erwischen; doch ihr Traum, Profi-Surferin zu werden, schien ausgeträumt.

Aber Sarah gab nicht auf! Sie vermittelte uns Hoffnung und zitierte uns die Bibelstelle aus Jeremia 29,11, an die Gott sie auf ihrer Fahrt mit Noah ins Krankenhaus erinnert hatte. Diese Worte zu hören und ihr glühendes Vertrauen in Gottes Handeln zu vernehmen, vermittelte uns die Erkenntnis, dass Gott selbst mitten in unsere tragische Situation getreten war und uns mit Hoffnung und Verheißung überschwemmte.

Währenddessen quoll das Krankenzimmer über von Blumen und Kuscheltieren. Bethany heilte rasch, erholte sich und wurde ruhelos. Mit ihrem unzähmbaren Temperament erfand sie mehr und mehr Ausreden, das Bett zu verlassen. Eines Tages schnappte sie sich ein paar Ballons, ging auf den Flur und schleuderte sie umher, wie jedes übermütige, leicht gelangweilte Kind es tun würde. Sie lächelte und es machte ihr sichtlich Spaß, so als wäre ihr nicht Tage zuvor der linke Arm abgebissen worden. Ich sah ihren Blick – und da erkannte ich Hoffnung.

Die Besucherströme rissen nicht ab. Als Nächstes kamen die Strandwächter vom North Shore. Am Sonntag brachte der Jugendpfarrer den Gottesdienst zu Bethany in Form der Jugendgruppe und einiger Gitarren und zahlreicher Besucher aus anderen Gemeinden – Pastoren, Älteste, Jugendliche. Mike Coots, von dem ich weiter oben erzählt habe, dass er 1998 sein Bein bei einem Haiangriff verlor, half in besonderer Weise, denn er verstand ganz genau, was Bethany durchmachte.

Am Ende des Krankenhausaufenthalts freuten wir uns auf Zuhause.

Wir brauchten etwas Ruhe, um zu heilen. Gott sei Dank fanden Freunde ein abgeschirmtes Strandhaus außerhalb der Kleinstadt Anahola für uns und wir flohen durch den Hinterausgang aus dem Krankenhaus. Bethany sprang in Sarahs Wagen, denn der hatte getönte Scheiben und war nicht so leicht zu erkennen wie unser blaues Ungetüm.

Das Strandhaus erwies sich als wahres Geschenk.

Es hatte genug Zimmer für alle, eine Art Whirlpool und vor allem das Meer direkt vor der Hintertür. Nur wenige Menschen wussten, wo wir waren, daher konnten wir uns Zeit für uns und unsere Gefühle nehmen. Ehrlich gesagt zogen Tom und ich uns in der Woche abwechselnd zum Weinen in unser Zimmer zurück.

Gegen Ende unseres Aufenthalts kam der mittlerweile verstorbene Andy Irons vorbei. Andy stammte vom North Shore und sein Surftalent hatte ihn in den Kampf um den Weltmeistertitel befördert. Wir kannten ihn, seit er ein Kind gewesen war und hatten miterlebt, wie er und sein Bruder Bruce zu Surf-Champions heranwuchsen. Er hatte die Mädchen auch gekannt, obwohl sie jünger waren und ihm Streiche gespielt hatten (da er in der Nähe von Alana wohnte, hatten die Mädchen manchmal Klingelmännchen gespielt).

Andy war auf dem Weg zu den Pipe Masters auf Oahu, doch er brachte einen riesigen Teddybären mit.

„Ich wünschte, ich könnte länger bleiben", sagte er zu Bethany und schluchzte auf, als er ihren verbundenen Arm sah, „aber morgen ist der Wettkampf."

„Gewinn ihn für mich", forderte sie ihn auf.

Und das tat er.

In dem Strandhaus versuchten wir, den Druck abzubauen, der durch die jüngsten Ereignisse auf uns lastete. Wir redeten viel, legten uns in den Whirlpool, lasen, beteten und gingen den Strand entlang. Tim brachte uns einen Stapel Videos mit Bodyboarding*-Aufnahmen, da er wusste, dass Bethany noch keine Szenen mit stehenden Surfern sehen wollte. Der Verlust ihres Traums war noch so frisch.

Doch es gab Zeiten, da langweilte uns das Abhängen im Haus einfach. Wir waren aktive Menschen. Wir brauchten Abenteuer oder so etwas!

Eines Tages beschlossen Bethany, Alana und Sarah, im Ort ein Video auszuleihen. Es machte ihnen Spaß, Bethany mit Perücke, Hut und Sonnenbrille zu verkleiden, damit niemand sie erkannte. Tim machte ihr sogar einen Arm aus Küchentuchrollen und steckte sie in einen langärmligen Pulli.

Es funktionierte! Niemand erkannte sie, bis sie aus dem Laden gingen und an der Surflegende Titus Kinimaka vorbei gingen. Er betrachtete ihre seltsame Aufmachung und sagte bloß: „Hey Bethany."

Unsere Zeit in dem Haus war ein emotionaler Wendepunkt für die ganze Familie, doch es gab mehr zu bedenken als unser Innenleben. Brauchte Bethany eine Armprothese? Eine Reha? Das Gewicht von Rechnungen, die wir uns ausmalten, lastete schwer auf uns.

Prothesen hatten sich schon so weit entwickelt, dass sie dem Amputierten einen Anschein von Normalität vermitteln konnten. Doch einige Vorschläge waren einfach kontraproduktiv, wie zum Beispiel, den Knochenrest zu verlängern und Stäbe und Elektronik daran zu befestigen, um sie an einen robotischen Arm zu koppeln. Wasser kombiniert mit Elektrik? Wenn Bethany je wieder ins Meer zurück wollte, wäre jegliche Elektronik nutzlos. Die Dollarbeträge auch schon für die einfachsten Vorrichtungen konnten niederschmetternd sein.

Doch die unglaublichen Menschen in unserem engmaschigen Umfeld begannen mit erstaunlichen segensreichen Dingen. *Erstaunlichen* Dingen. Innerhalb von zwei Wochen hatten Freunde, allen voran Jill Smith und Amy Marvin, eine gemeinnützige Basisorganisation gegründet – „Friends of Bethany Hamilton" (Freunde von Bethany Hamilton) –, die noch heute besteht. Der Hauptschwerpunkt liegt auf der Unterstützung von Überlebenden von Haiangriffen und Amputierten weltweit und auf inspirierenden Lebensgeschichten durch Filme, Projekte und Aktivitäten.

Im Marriott Hotel war zu einer groß angelegten Spendenaktion aufgerufen worden. Freunde hatten Surfboards, Kunstwerke, Handarbeiten und mehr für eine verdeckte Auktion gespendet, um Bethany zu helfen. Tom und die Jungen gingen hin, doch Bethany war noch nicht bereit, sich der Öffentlichkeit auszusetzen; daher blieb ich mit ihr zu Hause.

Mit so viel überströmender Großzügigkeit, Liebe und Unterstützung von allen auf der ganzen Insel hatten wir nicht gerechnet. Als sich die zweite Woche dem Ende zuneigte, merkten wir, dass unsere Geschichte über unsere Insel, ja sogar unseren Bundesstaat hinaus bekannt geworden war.

Plötzlich hatten wir es mit stapelweise Post und Geschenken für Bethany zu tun. Binnen 24 Stunden, noch bevor Twitter und Facebook aufkamen, erhielt sie 7.000 E-Mails mit den besten Wünschen für eine rasche Genesung sowie mit Aufmunterungen. Die freundlichen, tröstlichen Worte vollkommen fremder Menschen überwältigten uns. Doch in gewisser Weise waren sie keine Fremden; etwas an Bethanys Erfahrung hatte Widerhall in ihnen gefunden und sie mit ihr verbunden. Wahrhaft berührt waren wir davon, dass viele Karten und Briefe von Kindern kamen.

Es war menschlich völlig unmöglich, auf alle Karten, Briefe und E-Mails zu antworten, doch Bethany, Alana, Sarah und ich versuchten, alle zu lesen und die beiseitezulegen, von denen wir meinten, sie müssten beantwortet werden.

Schließlich neigte sich unsere Zeit im Strandhaus dem Ende zu. Wir waren bereit, nach den dramatischen Ereignissen der vergangenen beiden Wochen wieder nach Hause zu gehen. Als wir wieder im Alltag gelandet waren, wollte Bethany unbedingt ins Wasser, doch da die Fäden noch nicht gezogen waren, sprach sich der Arzt dagegen aus.

Im Film wird es so dargestellt, als wäre ich mit Bethany zum Arzt gegangen, doch in Wirklichkeit war es Tom. An dem Tag, als bei ihr die Fäden gezogen werden sollten, sollten auch an Toms Knie, das zwischenzeitlich ebenfalls operiert worden war, die Fäden gezogen werden. Gemeinsam kehrten die beiden zu Dr. Rovinski zurück. Toms paar Fäden ließen sich schnell und schmerzfrei entfernen. Bei Bethany sah es anders aus. Die Wundnähte gingen tief und es gab viele davon.

Als der Arzt einen Faden nach dem anderen zog, merkte Tom, wie blass Bethany war. Kurz bevor sie das Sprechzimmer verlassen konnten, hatte Bethany ihre Fassung und auch etwas von ihrem heiteren Wesen wiedererlangt. So fragte sie denn Dr. Rovinski: „Kann ich jetzt wieder ins Meer?"

Rovinski schüttelte warnend den Finger. „Nein, nein!", erwiderte er und zeigte auf die kleinen Löcher, die die Fäden hinterlassen hatten. „Siehst du hier die kleinen *Pukas*? Sie müssen erst zu sein, sonst können sich Bakterien aus dem Meer oder Fluss dort ansiedeln und dann geht es dir richtig schlecht."

Offenbar wurde ihr in diesem Augenblick so richtig bewusst, was ihr wiederfahren war und was das bedeutete. Sie begann bitterlich zu weinen und Tom weinte mit ihr.

Als die Tränen versiegten, sagte Dr. Rovinski, selbst ein Surfer, mit einem Augenzwinkern: „Bis Thanksgiving[7] ist es bestimmt genug verheilt."

Bethany sah zu ihm hinauf und lächelte. „Bis Thanksgiving?!"

Sie hatte ein Zieldatum, ab dem wieder ein normales Leben beginnen sollte.

---

7 Thanksgivin wird in den USA am vierten Donnerstag im November gefeiert; Anm. d. Übers.

Das Leben im Hause Hamilton war alles andere als wieder normal. Oder, besser gesagt, wir waren gezwungen, uns an die „neue" Normalität anzupassen.

Bald stießen wir auf unvorhergesehene Dinge, die für einen Menschen mit nur einem Arm eine Herausforderung sind, doch Bethany bewies bereits ihre bemerkenswerte Anpassungsfähigkeit, die schon so viele Menschen verblüfft hat. Ich ersetzte ihre Kleiderbügel durch Haken – jede Menge Haken – an die sie ihre Kleidung hängen konnte. Im Krankenhaus brachte ihr eine Therapeutin bei, wie sie ihre Schuhe mit einer Hand binden kann, aber wir fanden es einfacher, sie einfach nur so locker zu binden, dass sie so hineinschlüpfen kann. Bethany trägt selten etwas an den Füßen außer Sandalen oder den typischen „Rubba Slippahs", die auf Hawaii gängigen Flip Flops. Ich habe versucht, manches im Haus für sie zu ändern, damit sie besser zurechtkommt. Ich habe Esszimmerstühle gekauft, die wenig wiegen und leicht zu verrücken sind, und ich habe Trichter gekauft, sodass sie sich besser Wasser oder ihre Mandelmilch eingießen kann. Es gab so vieles, was man als selbstverständlich hinnimmt, so viele Verrichtungen, über die man gar nicht weiter nachdenkt. Eine Flüssigkeit auszugießen wird zur Strapaze, wenn man die Tasse nicht mit der anderen Hand halten kann. Manchmal fiel es mir schwer zuzuschauen, aber ich konzentrierte mich auf die Frage: „Womit kann ich ihr helfen?"

Das Ausprobieren wurde zu unserer neuen Lebensweise. Dinge, die vorher in Sekundenschnelle erledigt waren, dauerten jetzt Minuten. Oder wie geben Sie anmutig Zahnpasta mit einer Hand auf die Zahnbürste?

Dann gab es Dinge, die Bethany nicht mehr würde benutzen oder genießen können. Sie hatte gerade angefangen, Lobpreislieder auf der Gitarre zu lernen. Ich holte die Gitarre mit einem komischen Gefühl aus ihrem Zimmer. Ich stellte sie neben mein Keyboard und fragte mich, ob sie stattdessen vielleicht Klavier lernen wollte.

Als Thanksgiving näher rückte, trat die Frage auf, ob Bethany wieder surfen wollte. Und Bethanys Jugendgruppe tauchte so allmählich wieder auf. Am Tag vor Thanksgiving drehten die Passatwinde. Westliche Winde mit einer stetig steigenden Dünung* –, die einige weniger bekannte Surfspots* in Gang brachte.

Das Telefon klingelte. Es war für Bethany. Der Beachbreak* namens Rock Quarry sei in Bestform, ob sie dorthin kommen wolle.

Sie hätten mal sehen sollen, wie ihre Augen bei dieser Nachricht glänzten.

Ganz besonders Noah wusste, was das bedeutete. Die Verlockung toller Wellen zerrte an seiner Schwester. Er wusste, dass sie unbedingt wieder surfen wollte. Noah hatte sich sehr um eine Vereinbarung mit der Fernsehshow *Inside Edition* bemüht, dass er, wenn Bethany je wieder versuchte surfen zu gehen, ihnen ein Interview und Exklusivvideo verschaffte, wenn sie ihr dafür zu einer Armprothese verhalfen. Noah war unerbittlich. Wenn Bethany mit ihren Freunden an den Strand ging, ging sie eben NICHT surfen.

Der Strand war voll von North Shore Surfern, den Brüdern Irons, Holt, Alana, Sarah und dem gesamten Surfteam von Hanalei. Am Strand zu sitzen und die perfekte Brandung über den Sand schwappen zu sehen, war zu viel für Bethany. Sie war innerlich aufgewühlt. Sarah erkannte das, Holt ebenso.

„Du kannst eins von meinen Boards benutzen", bot er ihr an.

Bethany drehte sich zu Sarah um. „Ich behaupte dann, du hast versucht, mich davon abzuhalten."

„Warte mal, ich komme mit!", sagte Sarah.

Offiziell passierte „nichts". Doch ich erzähle Ihnen, dass Bethany den Strand auf und ab ging und alle bat, kein Foto von ihr zu machen; sonst würde sie ihre Armprothese nicht bekommen. Kein einzelner Mensch zückte seine Kamera, doch manche Strandbesucher weinten. Tim und Noah waren gerade rechtzeitig da, um ihren ersten Wellenritt zu filmen.

Am nächsten Tag war Thanksgiving. In angespannter Erwartung beobachtete ich, wie Bethany zum ersten

Mal wieder surfen ging. Tom gab ihr mein langes Board, das schwerer und stabiler war als ein normales Board. Als sie ihr Board wachste und mit der Fangleine rang, bot Tom ihr an, sie in die Wellen zu ziehen wie früher, als sie noch klein war, doch Bethany wies das zurück.

„Nein, Papa, das muss ich schon selber machen."

Ihre ersten Versuche, eine Welle zu erwischen, waren nur schwer mitanzusehen. Uns war das Herz schwer wie Blei. Wellen mit einem Arm zu erwischen ist schwierig; noch schwieriger ist jedoch, sich von einem Board abzustoßen, das eine Welle hinab gleitet, und zu versuchen aufzustehen.

Die wenigen Male, die Bethany es auf ihre Füße schaffte, zeigten, wie viel sie über das Halten des Gleichgewichts mit einem fehlenden Arm neu lernen musste. Bethany, die noch vor wenigen Wochen so eine starke Surferin gewesen war, hatte große Mühe und ruderte umher wie eine Anfängerin.

„Fass das Board in der Mitte an", rief Tom ihr über den Lärm der Brandung zu. „So bekommst du die Kante nicht unter Wasser."

Bethany paddelte wieder hinaus und versuchte es hartnäckig wieder und wieder. Plötzlich schien sich ein Schalter umzulegen. Sie stand auf und war im Gleichgewicht. Sie fand zu ihrem natürlich fließenden Stil zurück und surfte die Welle bis zum Strand.

Am Strand brach Jubel aus und jeder Surfer im Lineup* fing vor Begeisterung an, zu rufen und zu schreien. Profis und Touristen waren gleichermaßen gefesselt. Tom war ganz aus dem Häuschen und konnte es nicht verbergen. Noah und Timmy kreischten wie wild. Und natürlich klickten die Fotoapparate und die Videokameras liefen.

Ich stimmte in die Heiterkeit mit ein. Ich war begeistert von dem, was meine Tochter geschafft hatte und wusste, es würde nicht mehr lange dauern und dann hätte sie draußen auf dem Meer wieder Spaß mit ihren Freundinnen. Aber ich sah sie in der Zukunft nicht an Wettkämpfen teilnehmen.

Tom machte es sich zur Aufgabe, Bethany bei ihrer Rückkehr dahin zu helfen, wo sie vor dem Haiangriff gewesen war. Jeden Morgen standen er und Bethany früh auf und fuhren nach Pine Trees oder Waikokos, wo sie neu lernen sollte, rhythmisch zu paddeln, eine Welle zu erwischen, auf die Füße zu kommen und mit einem Arm das Gleichgewicht zu halten.

Sie kam voran, aber nur langsam, was Tom entmutigte. Eines Tages – erzählt Tom – saß er in Pine Trees unter den Palmen, zerfloss vor Selbstmitleid und murrte mit Gott, weil er zugelassen hatte, dass Bethany das zustieß. Er hatte es satt zuzusehen, wie sie sich durch die Brandung schob und sich gleichzeitig am Brett festhalten musste, alles mit einer Hand.

An eben jenem Tag gab es eine starke Riptide* und eine Touristin hing aus Versehen darin fest. Die Strandwächter hatten sie schon gesichtet und paddelten mit einem riesigen gelben Rettungs-Board mit Griffen darauf zu ihr. Die Frau hielt sich an einem Griff fest, während die Strandwächter sie mühelos an den Strand zogen.

Tom sagt, es war fast wie in einem Cartoon, wo über dem Kopf einer Person eine Glühbirne erscheint.

„Ein Griff! Ein Griff mitten auf dem Brett!"

Tom angelte ein kleines schwarzes Notizbuch, das er immer bei sich trug, aus seiner Tasche und zeichnete die Umrisse eines Surfbretts. Im genauen Mittelpunkt – unter der Nase – zeichnete er einen Handgriff ein. Es war, als habe Gott Toms düstere Stimmung weggezogen, um ihm zu zeigen, wie trivial solche Probleme sind.

Für Bethany wurde ein individuelles Brett angefertigt. Es hatte genau da einen Griff, wo Tom ihn eingezeichnet hatte.

Und es funktionierte.

Jetzt konnte Bethany mit einer Hand tief unter herannahenden Wellen hindurchtauchen und rasch ins Lineup* kommen.

Während ihr Können und ihr Zutrauen wuchsen, ermutigte Tom sie geduldig. Er wusste, Bethany war entschlossen, an Wettkämpfen teilzunehmen. Ich hingegen war zwar überglücklich über ihre Fortschritte, konnte mir das jedoch nicht vorstellen. Doch vielleicht, sagte ein verborgener Teil meines Herzens, vielleicht ...

In den Wochen nach dem Haiangriff veränderte sich noch etwas. Es war eine Veränderung in Toms Innerem. Nur er kann erzählen, wann und wo genau, doch weiß ich, dass Tom sich in geistlicher Hinsicht abgemeldet hatte. Tom war niedergeschlagen, voller Selbstmitleid, tat alles ganz mechanisch.

Der Durchbruch geschah im Gottesdienst. Wir hatten nicht aufgehört hinzugehen, doch eines Tages fiel Tom während eines Liedes auf, dass er gar nicht mitsang, und das schon seit dem Haiangriff.

Tom singt sehr gern. Er hat eine tolle Stimme; wenn er Gott mit Gesang lobt, rührt Gott ihn am ehesten an – doch Tom konnte seine Stimme nicht finden. Sie versagte ihm inmitten all der düsteren Verwirrung, dem Schmerz und der Wut. Jedes Mal, wenn er gefragt hatte: „Warum sie, Gott?", war übergroßer Schmerz über ihn hereingebrochen. Er hatte die äußere Haltung von Anbetung angenommen, doch betete er nicht wirklich an.

Da gab Gott seinem Herzen ein: „Du wirst mich eines Tages im Himmel anbeten, also musst du mich auch auf der Erde anbeten."

In diesem Augenblick ging Tom auf, dass jede Sekunde, in der er Gott Vorwürfe gemacht hatte, eine Sekunde war, in der er nicht aufrichtig dafür gedankt hatte, dass Bethany noch unter uns weilte. Daraufhin dankte er Gott, lobte ihn für das Geschenk, dass Bethany am Leben war – und darüber hinaus schenkte Gott ihm die Erkenntnis, dass er noch mehr für unsere Familie und für Bethany auf Lager hatte, als wir uns ausmalen konnten.

Und dann sang Tom.

Als Tom seinen großen Durchbruch hatte, hatte ich noch mit meinem eigenen zu kämpfen. Wissen Sie, ich glaubte zwar an Bethany, hatte aber Angst, sie scheitern zu sehen. Ich wollte, dass sie all ihre Träume angeht, aber ich dachte, Tom treibe sie zu hart und zu schnell an. Sie war an der Spitze gewesen, aber das war damals. Ich fürchtete, ihre Enttäuschung wäre verheerend für sie. Ich hatte Angst vor ihrem Scheitern.

Im Januar 2004 sollte auf der Hauptinsel Hawaii der regionale Surfwettkampf der *National Scholastic Surfing Association (NSSA)* stattfinden. Bethany war seit Thanksgiving wieder im Wasser. Es waren kaum drei Monate vergangen, seit sie bei einem Haiangriff ihren Arm verloren hatte, doch sie beschloss, an dem Wettkampf teilzunehmen.

Das teilte sie ihrem Vater noch vor mir mit. Ich hätte ihr gesagt, es sei noch zu früh, um an einem Wettkampf teilzunehmen. Tom – tja, er sah wohl das Feuer in ihren Augen und meinte, sie solle es probieren. Oder genauer gesagt, er meinte, sie habe einen Versuch verdient.

Alle außer mir waren auf der Hauptinsel. Ich konnte ihr Scheitern nicht mit ansehen; das würde ich nicht aushalten können. Selbst zu Hause war ich ganz unruhig. In Surfwettkämpfen wird richtig hart gegeneinander angetreten. Die besten Surfer der Welt versuchen, jeden anderen Teilnehmer durch geschickte Manöver und gutes Surfen zu überbieten. Egal ob unter Jungen oder Mädchen – Surfwettkämpfe waren richtig hart.

Tom und ich hatten die Risiken durchgesprochen. Wenn es ein totaler Reinfall würde, wäre sie entmutigt oder am Boden zerstört. Wir redeten über alles, was schief laufen konnte, doch wenn man Bethany kennt, weiß man, dass sie nicht aufgibt, dass sie nicht weniger als 100 % abliefert.

Tom musste mir nach ihrer Rückkehr berichten, wie es gelaufen war. Niemand außer dem Veranstalter hatte gewusst, dass sie teilnehmen würde; als Bethany also in ihrer Wettkampfkleidung im Sand auftauchte, sperrten alle den Mund auf.

Sie erwischte nicht so viele Wellen wie ihre Mitbewerberinnen in ihrem Durchgang, doch diejenigen, die sie erwischte, zerfetzte sie. Sie belegte den fünften Platz ihrer Altersklasse, was für jede Surferin ein großer Erfolg ist – und eine wahnsinnige Leistung für eine junge Frau, die gerade ihren Arm verloren hatte.

Die Familien, die ihre Kinder zu den Wettkämpfen gebracht hatten, scharten sich alle um Bethany, als sie aus dem Wasser kam. Auf ihren Gesichtern spiegelte sich der Ausdruck des Triumphs auf Bethanys Gesicht wieder. Tom stand etwas abseits am Strand; Freude und Stolz auf seine Tochter erfüllten ihn jetzt, nachdem er seinen Frieden mit Gott gemacht hatte, mit noch größerer Zufriedenheit.

Da kam der legendäre Wellenreiter und professionelle Surfcoach Ben Aipa auf ihn zu und sagte leise: „Ich habe versucht, Bethanys erste Welle auf Video aufzunehmen, doch ich war so von meinen Gefühlen überwältigt, dass ich die Kamera weglegen musste. Sie hat den Willen, den Mut und den Wunsch, so weit zu kommen, wie sie es will. Es wäre mir eine Ehre, ihr Coach sein zu dürfen."

Bethany war zurück.

Im nächsten Jahr belegte sie nicht nur Plätze im nationalen Wettkampf der NSSA, sondern sie gewann die *Explorer Women's Division*!

# Eine junge Surferin, die Gott liebt

*Ein Schmuckstück wirst du sein, das der Herr in seiner Hand hält wie ein König seine Krone.*
JESAJA 62,3 (HFA)

Bald schon wurde klar, dass wir im stillen Auge eines Orkans ganz anderer Art gelebt hatten. Als Bethany zu dem NSSA-Wettkampf hinauspaddelte und nur wenige Wochen nach dem Unfall wieder loslegte, bewegte sich das ruhige Auge des Sturms weiter und wir befanden uns nun im Epizentrum, wo wir etwas deutlich Größeres als uns wahrnahmen. Wir waren an dem Punkt, wo wir die Schleusentore rückhaltlos öffnen und versuchen konnten, die Flutwelle der Medien zu reiten. Doch Flutwellen reitet man nicht, sie überschwemmen einen.

Wir setzten uns mit Sarah Hill zusammen und brauchten nur wenige Minuten, um unser Hauptkriterium für die Gewährung von Interviewanfragen festzulegen: Wir hatten als Familie die Absicht, den Namen Christi zu erhöhen. Wir brauchten jemanden, der uns half, Nutzen aus dem ganzen Interesse zu ziehen, während wir gleichzeitig unsere Grenzen wahrten und unseren Glauben vertraten – jemand, der uns half, Bethany zu managen, ohne jemals Kompromisse bei unserer ausdrücklichen Bestimmung und Berufung einzugehen.

Vor dem Haiangriff hatte Tom Kontakt zu einem Unternehmer namens Roy Hofstetter wegen möglicher Fördermaßnahmen für Bethanys Surfkarriere gehabt. Roys Tochter Chantilly war eine Klassenkameradin von Bethany, sodass Roy bereits mit ihrem wahren Surftalent vertraut war. Roys einzigartige Erfahrung könnte helfen, eine Sponsoring-Vereinbarung an Land zu ziehen, die über die Surfkultur an sich hinaus ging.

Wie in fast jeder Sportart verdient der Sportler sein eigentliches Geld durch Sponsoring. Sponsoren übernehmen die Reisekosten teilweise oder ganz, sowie die Kosten für Surfbretter oder Hotelzimmer. Unser eigener dahinschwindender Geldvorrat würde die Grenze festlegen, bis wohin Bethany gelangen konnte. Mit einem guten Sponsoring-Vertrag könnte Bethany ganz einfach eine ernst zu nehmende Wettkämpferin werden. Wir standen gerade kurz davor, eine Vereinbarung mit Roy Hofstetter zu unterzeichnen, als Bethany angegriffen wurde.

Nachdem wir mit eigenen Augen gesehen hatten, wie beachtlich Bethany sich nach dem Unglück wieder erholt hatte und wie ihre Geschichte auf breiter Front Widerhall fand, nahmen wir Kontakt zu Roy auf und wollten wissen, ob er weiterhin bereit sei zu helfen. Was jetzt jedoch anstand, war die Welle des Interesses zu bewältigen, die auf uns zu kam.

Roy willigte ein. Er würde die Anfragen für Interviews, Fernseh- und Radioauftritte sowie die unzähligen anderen Angebote bewältigen, die wir keinesfalls überblicken konnten.

Das war eine heikle Entscheidung. Wir beteten viel um Gottes Führung und Weisheit. Wir wussten, dass wir unsere Tochter dadurch zu sehr dem Licht der Öffentlichkeit aussetzen konnten. Es könnte zu viel, zu schnell, zu bald sein. Daher beschlossen wir, dass sie mit all un-

seren Erwägungen zu 100 Prozent einverstanden sein
solle. Wir könnten immer noch Abstand nehmen.

Ich denke, wir konnten das alles so nüchtern betrachten, weil wir uns darauf festgelegt hatten, die Aufmerksamkeit der Medien einzig dafür zu verwenden, Gott die Ehre zu geben. Der christliche Glaube war – und ist – für Bethany ein zentraler Wesenszug und er verlieh ihr die Kraft, den Sprung zurück zu machen.

Tom und ich wussten, dass Bethany ganz sie selbst war.

Wir konnten Bethanys Geschichte in Buchform erzählen; es richtet sich an 14-Jährige, trägt den Titel *Soul Surfer*[8] und ist schon vielen jungen Menschen in die Hände gefallen. Wir suchten auch viel überlegter das richtige Tempo und den richtigen Rhythmus, mit dem Bethany zurechtkommen würde, genau wie wir anderen.

Einmal war ich in einem gemieteten Geländewagen unterwegs, der mit Surfbrettern und Gepäck vollgestopft war. Tom, Bethany, Noah und ich wollten zu ihrem Surfbrettbauer in Ventura, Kalifornien, um ein neues Surfbrett abzuholen, das er gerade fertig hatte. Ich kam mir verloren vor, als wir zwei Stunden durch dichten Verkehr fuhren und ich mich fragte, was wir mit unserem Leben anfingen. War es das hier, wo wir hinwollten? Tim war so klug, diese Expedition auszulassen!

Schließlich erreichten wir unser Ziel und kümmerten uns ums Geschäftliche. Der Surfbrettbauer gab Bethany ihr neues Board, auf das er grüne Palmwedel gesprüht hatte. Ich betrachtete das Design und war nicht beeindruckt, bis ich mir auf der zweistündigen Rückfahrt die mitgelieferte CD anhörte. Mit Palmwedeln wurde Gott gepriesen, sie wurden auf und ab geschwenkt, um den König der Könige und den Herrn der Herren zu verherrlichen. Sie kamen zum Einsatz bei seinem triumphalen Einzug nach Jerusalem, als er sich zum König erklärte. Ich war von dieser Bedeutung überwältigt, denn es ver-

---

8  Dt. Ausgabe: Brunnen, Gießen; 2006. Dt. v. Angela Klein-Esselborn. Anm. d. Übers.

deutlichte, wozu Bethany berufen war. Mit ihrem Surfen Gott anzubeten und zu ehren!

Als Bethany eingeladen wurde, bei einem Spiel der Yankees in New York den ersten Pitch – den ersten Wurf – bei dem Baseballspiel zu machen, ging ich nicht mit, aber Tom war dabei. Bethany hatte schon viele Sportarten betrieben, Baseball jedoch nie, daher war es an Tom, mit ihr in den Central Park zu gehen und zu üben, einen Baseball einigermaßen genau gut achtzehn Meter weit zu werfen. Er borgte sich sogar einen Baseball aus dem *Mickey Mantle Restaurant* in der Nähe und arbeitete mit Bethany den ganzen Morgen daran, einen Treffer zu landen, so er es noch von seiner Zeit in der Jugendmannschaft her kannte.

Später bei dem Spiel erzählte ihr der Pitcher – der Werfer – der *New York-Yankees*, der ebenfalls gläubige Randy Johnson, dass seine Kinder ihr Buch gelesen hatten. „Womöglich das erste Mal, dass sie ein Buch von vorne bis hinten durchgelesen haben", lachte er.

Bethanys Eröffnungswurf war schnell und gerade, genau in die „Strike Zone". Der Fänger sagte, es sei sogar etwas Druck dahinter gewesen. Währenddessen stand Tom im Unterstand und grinste wie ein Honigkuchenpferd. Ihm kamen Erinnerungen an seine Kindheit, als er genau auf diesem Spielfeld mit seinem Vater gestanden hatte, in der Bestenmannschaft der Junioren.

Mein Lieblingsmoment war, als Bethany den Einwurf für die *Oakland A's* in Kalifornien machte. Auf einer Großleinwand flimmerte ein Video, auf dem sie zu den Klängen von „Surfer Girl" der Beach Boys surfte, und da kam Bethany auf dem Rücksitz eines roten Cabrios herein, das *Blue Angels Squadron* zog weiße Streifen an den Himmel, am Schluss ging ein Feuerwerk los. Wow!

Doch nicht die Ereignisse bedeuteten uns so viel, sondern die Menschen, mit denen wir in Kontakt kamen, die sich auf bedeutsame Weise mit Bethanys Geschichte verknüpften.

In New York suchte uns Jeff Denholm auf. Er kam mit dem Zug aus Maine, um Bethany und uns zu ermutigen.

Jeff hatte den Großteil seines Armes bei einem Unfall auf einem Alaska-Fischdampfer verloren, doch er war gesegnet mit einem großartigen Verständnis fürs Ingenieurswesen und derselben Zähigkeit wie Bethany. Jeff weigerte sich, mit dem Surfen, Skifahren, Mountainbiking und den anderen Extremsportarten aufzuhören, die er so liebte. Also hatte er eine Reihe ausgeklügelter Prothesen für seinen Armstumpf entwickelt und wurde schließlich Markenbotschafter für *Patagonia Sports* fürs Surfen. Genau wie Bethany konnte ihn nichts von einem aktiven Lebensstil abhalten!

Ein Familienausflug – halb geschäftlich, halb Privatvergnügen – war unvergesslich.

Wir landeten in London Heathrow, einem unglaublich riesigen Flughafen! Selbst wenn man auf dem Gelände mit den vielen Terminals leben würde, könnte man sich immerzu verlaufen! Wir erreichten das Vereinigte Königreich mit dem üblichen Jetlag, trotz unserer Sitze, in denen wir liegen und schlafen konnten, was uns rettete. Wir nahmen uns ein Taxi zu unserem Hotel. Das ist keine so leichte Aufgabe, wenn man Surfboards dabei hat!

Wir vier – Tom, Bethany, Tim und ich – waren in einem alten, klassischen Hotel untergebracht. Wir stellten unser Gepäck in unserem Zimmer ab und suchten unverzüglich das Bad. Kein Bad! Keine Betten! Eine hübsche Aussicht, aber das war kein Ersatz. Wir riefen die Rezeption an und sie verlegten uns in eine Office Suite oder so etwas. Ich freute mich, denn so bekamen wir ein höherwertiges Zimmer und einen fantastischen Blick auf einen alten Kirchturm, der unbedingt von meiner Kamera festgehalten werden wollte.

Es war Sonntag, daher fragte ich den Portier, ob es in der Gegend Abendgottesdienste gäbe, die wir besuchen könnten. Er nannte mir „die amerikanische Kirche" für die „Touristen". Ich sagte, ich wolle mit „Einheimischen" in einen Gottesdienst gehen. Er hatte keine Ahnung. Also recherchierte ich selbst und fand im Telefonbuch eine *Calvary Chapel* mit einem Gottesdienst um 18 Uhr.

Wir nahmen uns wieder ein Taxi, was viel Spaß machte. Die englischen Taxis sind diese alten schwarzen Limousinen, die nach Leder riechen und aussehen, als wären sie aus den 1940ern. Ich gab dem Fahrer die Adresse und wir wurden vor Harry Potters alter Schule abgesetzt, oder zumindest einem Double! Es war ein malerischer alter Ziegelbau mit schmiedeeisernen Toren. Da wir bis zum Gottesdienst noch eine Stunde Zeit hatten, schlug ich vor: „Lasst uns da vor der hübschen alten Kirche auf der anderen Straßenseite ein paar Familienfotos machen."

Dort war ein riesiger Innenhof, über den ein paar Touristen schlenderten, doch offenbar war auch gerade Gottesdienst. Wir gingen zum Eingang der alten Kirche, vorbei an einer Filmcrew in gespannter Erwartung in der gegenüberliegenden Ecke des Hofes. Sie hielten so eifrig Ausschau nach ihrem Zielobjekt, dass wir mühelos an ihnen vorbei kamen. Wir lachten alle, denn die Presse war so begierig auf Meldungen über Bethany, und nun war sie hier, aber sie waren so sehr auf etwas anderes konzentriert, dass wir einfach an ihnen vorbei spazierten.

Leise huschten wir hinein, um uns umzuschauen und vielleicht einige Fotos zu machen, denn es war eine der schönsten Kirchen, die ich je gesehen hatte. Das historische Bauwerk war voller Rauch von angezündeten Kerzen, wodurch die Decke schwarz eingefärbt war. Die architektonische Gestaltung ließ einen den Kopf heben und gen Himmel schauen. Dort sah man die Bleiglasfenster, die die frohe Botschaft von Gottes Wort verkündeten.

Durch die Raumgestaltung gehörten die Klangeigenschaften zu den besten aller Zeiten. Eine Frau sang acapella und ihre wunderschöne Stimme drang mir durch Mark und Bein. Ich konnte kaum die Tränen zurückhalten. „Kommt, setzen wir uns und hören ein bisschen zu", schlug ich vor. Die Kirche war brechend voll, doch wir quetschten uns ganz hinten noch hinein. Es stellte sich heraus, dass wir an einem Gottesdienst für den Papst teilnahmen, der am Freitag zuvor gestorben war. Tony Blair war anwesend, ebenso Camilla Parker Bowles, was wir am nächsten Tag in der Zeitung lasen. Es ist schön, etwas Besonderes zu machen, ohne sich im Vorfeld darum zu bemühen. Gottes Timing als unser Reiseleiter war einwandfrei!

Um kurz vor sechs verließen wir die Kirche und gingen über die Straße zu Harrys Schule. Ich hatte die Bücher nicht gelesen, denn ich habe mit okkulten Dingen nichts am Hut, doch mir gefielen die Trickeffekte, die diese Schule/dieses Filmset zu bieten hatte. In einer Aula kamen wir mit einer multikulturellen Schar zusammen, die aussah, als stamme sie aus allen Völkern und Nationen der Erde. Ich entspannte mich und genoss es, in die gut ausgewählten Lieder des begabten Lobpreisteams einzustimmen. Dann brach der Damm, denn sie beendeten den Lobpreis mit „Blessed Be Your Name", dem Lied mit den Zeilen aus der Hiobsgeschichte des Alten Testaments, wo er bekennt: „Der Herr hat's gegeben, der Herr hat's genommen, der Name des Herrn sei gelobt". Gott hatte sich mit diesem Lied unser angenommen seit Tag eins, unserem „Ground Zero".

Gott gefällt es, unsere harten Herzen zu öffnen, damit sein Wort in unser Herz gelangen kann. Manchmal meint es das Leben nicht gut mit uns, sodass sich Narbengewebe verhärtet und uns für seine Liebe und seinen Dienst verschließt. Anbetung hilft uns anzufangen, den Schaden zu heilen, damit Gott unsere Wunden mit seiner Liebe verbinden kann.

Danach kam die Predigt und ich lauschte erfreut der eloquenten englischen Aussprache des Pastors. Ich bekam Schuldgefühle, weil die Predigt so persönlich war, als habe Gott ein Mahl allein für uns bereitet. Ich hoffe, auch die anderen wurden gesättigt. Wie entspannend, einmal um die halbe Welt zu reisen und niemanden zu kennen außer Gott und seine Liebe, Fürsorge und Führung zu erfahren. Gott hätte unseren Tag nicht besser planen können. Morgen würden wir in Cornwall, England, surfen!

Noch ein kleiner Exkurs: Die langlebigste Kindershow Englands heißt *Blue Peter*. Bethany war in die Show eingeladen worden, um den Moderatoren das Surfen beizubringen. Schauplatz sollte Fistral Beach an der Nordküste Cornwalls sein, der Geburtsort des Surfens in England. Großbritannien hat eine lebendige Surfkultur, die in Form von Tourismus, Mode und Gesundheit auch ein Wirtschaftsfaktor ist. Alle waren sich einig, dass es unheimlich Spaß machen musste, bei Bethany surfen zu lernen! Sie baten nicht um Unterrichtsstunden, sie ließen einfach wissen, dass sie Unterricht bekommen würden! Auch wenn das so nicht in ihrem Lebenslauf stand, war Bethany doch eine hervorragende Lehrerin. Sie hatte so viel Spaß am Beobachten, stand jedermann bei, der vom Brett gefegt wurde und kleine Brötchen backen musste. Die Moderatoren lernten problemlos, doch sie sahen auch sportlich aus. Alle trugen sie ihren feinsten schwarzen Surfanzug, denn es war eiskalt!

Ich setzte mich lieber ins warme Strandlokal mit einer schönen Fensterfront und bestellte mir ein heißes Getränk. An den Wänden hingen Fotos von heißen, sonnigen Strandtagen in den warmen Sommermonaten; Aufnahmen mit Wellen erster Güte, darauf Surfer in Badehosen, nicht in Surfanzügen. Es wird schon warm in Cornwall, doch bloß im Spätsommer, wenn es auch die beste Dünung* des Jahres gibt. Wenn Sie also Surfausflüge planen, machen Sie Ihre Hausaufgaben!

Die Show lief im Fernsehen und Bethany wurde das Blue-Peter-Abzeichen für Mut überreicht. Damit hat man freien Eintritt zu vielen britischen Attraktionen, vor allem Museen und Ausstellungen, die in der Show vorgestellt werden.

Oft macht es den Anschein, als würden Bethanys Brüder einfach nur zu ihren Abenteuern mitgeschleift, doch ich glaube, Gott lenkt ihr Leben und setzt sie ein und bereitet sie auf ihre Zukunft vor, denn er sorgt sich um jeden Einzelnen von uns.

Bethanys Bruder Tim, der auf dieser Reise dabei war, nahm ein Video für unsere Verwandtschaft auf, und ihm fiel ein, dass er einen Freund, ebenfalls Bodyboarder*, in Cornwall hatte. Er rief ihn an und es ergab sich ein Besuch. Tims englischer Freund und sein Kumpel planten gerade eine Reise nach Island. Sie luden Tim dazu ein und vereinbarten mit ihm, dass er nach Bethanys Tour dazustoßen würde.

Tim verlebte eine tolle, abenteuerliche, absolut einmalige Zeit in Island: Er sprang von Eisbergen und Wasserfällen in eine menschenleere Brandung! Das Beste daran waren die abenteuer- und lebenslustigen, immerzu lachenden Typen, die das Leben einfach auf sich zukommen ließen.

Mehrere Jahre nach dem Haiangriff und Bethanys sagenhafter Rückkehr zum Profi-Surfen flaute die anfängliche Flut medialer Aufmerksamkeit zu einem beherrschbaren Fluss ab, auf dem wir uns mittlerweile recht gut auskannten. Es gab noch einige Reibungspunkte, doch insgesamt waren wir nur stärker und enger aneinander gerückt – und an Gott. Mit den Jahren wurde Bethany unter den forschenden Blicken der Öffentlichkeit immer selbstsicherer und lockerer. Noah und Becky übernahmen das Geschäftliche (sowie die offiziellen Foto- und Videoaufnahmen und andere künstlerische Elemente), damit Bethany sich ganz auf das konzentrieren konnte, was ihr am Besten liegt: Surfen.

Unser heiterer, bescheidener Sohn Tim verbringt die meiste Zeit mit dem Aufnehmen und Bearbeiten von Surffilmen. Einer seiner nicht kommerziellen Filme erlangte unter den Bodyboardern* sogar Kultstatus.

Sarah Hill wurde zum integralen Bestandteil unseres Lebens. Bethany fand in ihr eine Mentorin neben ihrer Familie, genau wie viele andere Teenager.

Da Bethany jetzt eine Zeugin für Christus war, musste sie sich mit der Tatsache auseinandersetzen, dass vielen Menschen jeder Vorwand recht wäre, um ihr einen Dämpfer zu versetzen. Solche Menschen, die ihr nicht zugestanden, ein normaler, lebenshungriger Teenager zu sein, oder dass unsere Strandkultur hawaii-scher Art nicht immer ihren Vorstellungen davon entsprach, wie sich ein guter Christ zu verhalten oder zu kleiden hätte. Und da sie sich selbst als Christin bezeichnete, durfte sie aus Sicht mancher Menschen nichts weniger als perfekt sein – eine unrealistische Erwartung.

Was sich ausgesprochen gut auf Bethany auswirkte, war die Missionsreise nach Tijuana, Mexiko, mit ihrer Jugendgruppe. In früheren Jahren waren ihre Brüder ein paar Mal mit gewesen, Bethany jedoch noch nie. 2005 war sie mit *World Vision* in Thailand gewesen (unsere Familie unterstützt einige Kinder durch diese Organisation). Es war etwas Besonderes, als normale Jugendliche mit ihren Freunden auf eine Missionsreise zu gehen und zu helfen, so gut sie konnte.

Nachdem wir von unseren Jungen einige verrückte Geschichten über Mexiko gehört hatten, machten wir uns etwas Sorgen um Bethanys Sicherheit. Doch Timmy beschloss, als Videofilmer für die gesamte Jugendgruppe teilzunehmen; also waren wir beruhigt.

Die Jugendleiter einschließlich Sarah Hill brachten Vans voller Jugendlicher aus Kauai in die verborgenen Gemeinden von Tijuana, unter dem wachsamen Auge von *Spectrum Ministries* mit Sitz in San Diego (vielmehr genau der Emmanuel-Gemeinde, wo ich vor so vielen Jahren die Ferienbibelschule besucht hatte!).

Dort, in den verarmtesten Slums, wuschen Bethany und ihre Freunde den Kindern die Läuse aus den Haaren, verteilten Decken und Essen, veranstalteten einen Mini-Jahrmarkt mit Spielen und Preisen, und sie betrieben ein transportables Badezimmer, das für viele Kinder die einzige Möglichkeit war, einmal zu duschen.

Für amerikanische Teenager war das Eintauchen in eine Welt, die so weit entfernt war von ihrem privilegierten Materialismus und doch so nah – direkt hinter der Grenze –, eine Erfahrung, die ihnen die Augen öffnete.

Unsere Kinder erlebten hautnah den praktischen Dienst an den Armen. Sie erzählten sogar die Geschichte von Pastor Van, dem langjährigen Leiter von *Spectrum Ministries*, dem aus seinem Wagen die Wertsachen gestohlen wurden, während er mit dem Badehaus beschäftigt war. Am nächsten Tag bekam er sie von einem der gefürchteten Drogenbosse Tijuanas wieder, dazu die Entschuldigung, dass dem Dieb nicht bewusst war, wem er da etwas stahl. Offenbar war dem Drogenboss in seiner ärmlichen Kindheit die Freundlichkeit von *Spectrum* wiederfahren, die er niemals vergessen hatte.

Die mexikanischen Kinder betrachteten Bethany voller Neugier. Kaum ein einziges hatte bereits von ihr gehört, aber natürlich fragten sie sie wieder und wieder nach ihrem fehlenden Arm. Bald schon kannte Bethany das spanische Wort für Hai – *Tiburon*. Sobald sie es hörten und Bethany dabei auf ihre Schulter deutete, fielen ihnen schier die Augen aus dem Kopf. Bethany hatte ihre ungeteilte Aufmerksamkeit, als sie ihnen mithilfe eines Dolmetschers die Geschichte erzählte.

In dieser Zeit wurde die Gruppe in ein neues Waisenhaus geführt, das *Spectrum* gerade entdeckt hatte. Es war in schrecklichem Zustand und selbst für mexikanische Verhältnisse dreckig und heruntergekommen. Die Kinder wurden von vielfältigen Krankheiten geplagt; mehrere Mütter hatten ihre Kinder einfach dort ausgesetzt, weil sie Downsyndrom hatten.

Es gab keine Medikamente und wenig Nahrung.

Sarah, Bethany und die Kinder hatten das Geld, das sie von der Gemeinde bekommen hatten, bereits für andere Projekte ausgegeben. Doch angesichts der drängenden Not dieser Kinder mussten sie einfach etwas tun. Sarah bat die Heimleiterin, eine Liste mit allem zusammenzustellen, was die Kinder unbedingt brauchten. Die Liste war zwei Seiten lang; aufgeführt waren bloß die lebensnotwendigen Sachen für die Kinder.

Abends musste Sarah zugeben, dass sie absolut keine Möglichkeit sah, ihre Mittel so zu strecken, dass es möglich war, die Not zu lindern. Das teilte sie der Gruppe mit und zeigte ihr die Liste. Und natürlich schnappte sich Bethany eine Schachtel und stellte sie auf den Tisch. „Wollen wir hier etwas von unserem Taschengeld zusammenlegen?", fragte sie. Alle hatten ein paar Dollar, um sich in den südkalifornischen Einkaufszentren Sachen zu kaufen, die sie auf Hawaii nicht bekommen konnten (zumindest nicht, ohne für den Transport tief in die Tasche greifen zu müssen).

„Niemand ist verpflichtet, etwas hineinzulegen; wir behandeln das absolut vertraulich. Gebt einfach, was ihr wollt." Bethany zeigte auf die Liste. „Wenn ihr nur genug für eine Sache hier auf der Liste erübrigen könnt, ist das doch schon etwas, oder?"

Dann ließen sie die Schachtel auf dem Tisch stehen. Niemand verwaltete sie oder wartete ab, wer was hinein legen würde. Als Sarah am nächsten Morgen das Geld zählte, waren es über 1.500 Dollar. Die Gruppe fuhr nach Costco in Mexiko und füllte neun Einkaufswagen mit Nahrung, Medikamenten, Windeln, Seife und Reinigungsmitteln. Als sie das alles im Waisenhaus abluden, kam die Leiterin heraus und brach einfach in Sarahs Armen zusammen.

Tom und ich wissen, dass diese Erfahrungen in einem Menschen etwas bewirken, was man ihm durch den Besuch eines Gottesdienstes niemals vermitteln könnte. „Ein reiner und unbefleckter Gottesdienst vor Gott, dem Vater, ist der: die Witwen und Waisen in ihrer Trübsal besuchen und sich selbst von der Welt unbefleckt halten" (Jakobus 1,27; LÜ).

Man muss nicht so eine Geschichte wie Bethany haben, um außergewöhnlich zu sein, man muss nur bereit sein, Gott das ganze Leben zu übergeben. Gott garantiert uns keinen leichten Weg – vielmehr ist die Straße oft holprig. Ich hätte niemals die Wahl getroffen, dass meine Tochter ihren Arm verlieren sollte, doch wenn man sich Gott unterwirft, nimmt er manchmal erst etwas fort, bevor er etwas zurückgibt.

Bethany wurde für viele Menschen zum Symbol für Hoffnung und Ermutigung. Diese Rolle verlangt persönliche Opfer.

Doch da war noch etwas, das seit dem Haiangriff immer wieder auftauchte. Jahrelang hatte es am Horizont geflimmert, ohne wirklich Form anzunehmen. Es war ein Traum von Roy Hofstetter, den er eine Weile hintangestellt hatte. Als seine Verwirklichung immer näher rückte, wurde er fast zum Albtraum. Ich meine den Traum, eines Tages einen großen Hollywoodfilm über Bethanys Leidensweg und ihre heldenhafte Rückkehr zu drehen. Er würde *Soul Surfer* heißen und uns ein weiteres wildes Abenteuer bescheren.

# Kapitel 13

# Auf dem
# Teppich bleiben

*„Denn ich allein weiß, was ich mit euch vorhabe: Ich,
der Herr, werde euch Frieden schenken und euch aus
dem Leid befreien. Ich gebe euch wieder Zukunft und
Hoffnung."*
JEREMIA 29,11 (HFA)

„Nach einer wahren Geschichte."

Wir lesen diese Worte vor zahllosen Filmen, in Wirklichkeit jedoch ist an den Geschichten oft mehr Hollywood als Wahrheit. Wenn Ereignisse aus dem wahren Leben sich auf Spielfilm-Länge dehnen, hat die Wahrheit die seltsame Angewohnheit, dehnbar zu werden. Zu Anfang wären wir beinahe Gefahr gelaufen, ein weiteres anschauliches Beispiel dafür zu werden, wie die Wahrheit zugunsten der Unterhaltung verworfen wird. Als Familie behielten wir unseren Standpunkt bei, auch wenn es nicht einfach war.

Den Film *Soul Surfer* zu drehen, war für unsere Familie eine siebenjährige Reise. So mancher Film wird auf die lange Bank geschoben, weil niemand die richtige Kombination der einzelnen Bestandteile findet – Produzenten, Regisseure, Schauspieler, Studios, Vertriebsfirmen und alles andere. Roy Hofstetter, Bethanys Manager, gebührt besonderer Dank für seine beharrlichen Bemühungen und harte Arbeit, um Bethanys Geschichte auf die Leinwand zu bringen. Gleich von Beginn an war er derjenige, der von der ganzen Idee, einen Film zu machen, richtig begeistert und engagiert dabei war. Wir anderen waren viel zu sehr damit beschäftigt, Wellen hinterherzujagen und für Reisen zu Surfwettbewerben zu packen. Auch die anderen Anforderungen und Veränderungen in unserem Leben erforderten sehr viel Zeit und Energie, wodurch nur wenig für filmschaffendes Drama übrig blieb!

Außerdem hatten wir schon einen kurzen Dokumentarfilm über Bethanys Geschichte mit dem Titel *The Heart of a Soul Surfer*, H.O.S.S., wie wir es nennen. Noahs Frau Becky wirkte dabei als Produzentin und Regisseurin, und der Film enthielt Toms und meine frühen Surf-Aufnahmen von den Kindern, als sie noch klein waren. Dieses liebevoll zusammengestellte Werk hat schon viele Menschen in unterschiedlichen Sprachen erreicht.

Hat man ein Drehbuch oder eine Geschichte, kauft ein Produzent eine „Option" auf einen Film. (Für eine festgelegte Zeitspanne darf niemand sonst einen Film über Bethanys Geschichte drehen.)

Während dieser zugeteilten Zeitspanne versucht der Produzent, Investoren und Unterstützung durch ein Filmstudio zu bekommen. Doch sehr häufig werden diese Optionen an verschiedene Produzenten weitergereicht, wenn der Zeitraum abgelaufen ist, und der Film wird nie realisiert. Die erste Option für unsere Geschichte wurde gekauft und ausgesessen. Ein paar magere Versuche, aber nichts Handfestes, vor allem weil unsere Familie das schwache und schlecht geschriebene Drehbuch zurückwies.

Glücklicherweise setzte Roy den Optionsrechten eine kurze Frist. Auch die zweite Option wurde ausgesessen, während ein neues Drehbuch geschrieben und Finanzmittel aufgetrieben wurden.

Christen werden in den Filmen zu häufig als komische Käuze, Spinner oder Heuchler dargestellt. Das sollte uns nicht überraschen, steht doch in der Bibel in 2. Petrus 3,3: „Ihr sollt vor allem wissen, dass in den letzten Tagen Spötter kommen werden ..." (LÜ). Sie treiben ihren Spott und verleugnen die Wahrheit.

Niemand von uns hatte ein Interesse daran, einen Film zu drehen, der nur die Gläubigsten der Gläubigen anspricht. Wir wollten allen die Botschaft der Hoffnung mitteilen – innerhalb und außerhalb der Kirche. Die Art, wie wir das Element Glauben dargestellt haben wollten, musste ausgewogen sein, das wussten wir. Wir lehnten ein Drehbuch nach dem anderen ab, weil wir sichergehen wollten, dass die Geschichte im Kern die inspirierende Geschichte einer jungen Sportlerin – Bethany – blieb, die durch ihren Glauben an Gott große Hindernisse überwand. (Es gibt einige gut gemachte Filme mit einem geistlich inspirierten Haupterzählstrang. Zu meinen absoluten Lieblingsfilmen gehören *Nur mit dir, Amazing Grace, The Mission* und *Alle lieben Pollyanna*.)

Roy brauchte ein paar Jahre, bis er einen Regisseur und die finanziellen Mittel an der Hand hatte. Durch diesen Schritt bekam der Film plötzlich Zugkraft.

Der Regisseur war Sean McNamara.

Jetzt kam *Soul Surfer* voran und uns schien, dass Gott von Anfang bis Ende seine Hand im Spiel hatte. Wir glauben, Gott hat Sean dazu bestimmt, über Bethanys Leben im Film Regie zu führen. In Seans Lebenslauf stehen mehrere Filme und etliche Fernsehproduktionen – darunter eine Serie über Surfer, die auf Hawaii gedreht wurde, mit dem Titel *Beyond the Break*.

Als es an die Integrität des Drehbuchs ging, setzte Sean McNamara alles daran, das Gute vom Schlechten zu scheiden. Es verwirrte ihn, dass so viele Drehbuchautoren ihr eigenes Ding durchzogen, ohne die eigentliche Geschichte zu beachten. Mit über ein Meter neunzig und einem unverkennbaren Auftreten kann Sean auf widerspenstige Drehbuchautoren ganz schön einschüchternd wirken, aber erzählen Sie bloß nicht weiter, dass wir ihn für einen großen Teddybären halten.

Sean nahm das Projekt an, denn er wollte, wie er sagte, „einen Film von Bedeutung machen". Was damals keiner von uns wusste, war, dass die Produktion von *Soul Surfer* das herausforderndste Projekt in Seans beruflicher Laufbahn werden würde. Die Aufgabe, einen Investor für den Film zu suchen, oblag hauptsächlich ihm. Er reiste um die ganze Welt, einschließlich nach Dubai, Peking und Shanghai, und suchte nach Unterstützern für den Film, doch er kehrte mit leeren Händen zurück.

Außerdem gab es ein Tauziehen um das Drehbuch. Sean bemühte sich um Gewissenhaftigkeit gegenüber Bethanys Geschichte und gleichzeitig um eine Zusammenarbeit mit den Mitarbeitern von *Sony Pictures*, die ihn warnten, er begebe sich auf eine Gratwanderung, wenn er christliche und weltliche Zuschauer gleichermaßen ansprechen wolle.

Was wir nicht wussten: Sean geriet manchmal an den Punkt, wo er daran dachte aufzugeben. „Es war ein Kampf", vertraute er uns an, als der Film im Kasten war. „Ich hatte den Eindruck, das Projekt müsse sich gegen Mächte zur Wehr setzen, die nicht wollten, dass es ausgeführt wurde." Ich glaube nicht, dass das bloß natürliche oder menschliche Kräfte waren. Am Ende der Dreharbeiten fasste er seine Erfahrung als eine zusammen, die „meinen Glauben auf die Probe stellte".

Wir fanden es toll, einen Regisseur zu haben, der feinfühlig mit einem christlichen Thema umging. Außerdem wollte Sean unsere Familie wirklich porträtieren und unsere Figuren nicht nur Kulisse für den Dreh von Actionszenen mit Surfen und Haiangriffen einsetzen.

Bethanys einfacher, doch tiefer Glaube war der Glaube, den er in den Film einarbeiten wollte. Sean wollte unseren Glauben in dem Film als „Pizza für jeden, nicht Spinat für wenige" darstellen. Mit anderen Worten: Der Glaube ist nicht nur ein untypisches, seltsames Ding für wenige Menschen, sondern etwas, das alle genießen sollten. Bei allem Widerstand und Kampf in den ersten Jahren gewann Sean die wirksame Unterstützung einiger der Hauptdarsteller. Ihr eigener lebendiger Glaube an Christus wurde zum mutigen Eintreten dafür, dass das Thema Christsein nicht verwässert werden sollte. Durch sie gewann unsere Position weiter an Boden, dass unser Glaube ein wesentlicher Bestandteil der Geschichte ist – ohne ihn wäre Bethanys erstaunliches und dramatisches Comeback bedeutungslos.

Dass wir so sehr auf der Deutlichkeit und Integrität des Elements Glauben beharrten, ging manchen gegen den Strich. Doch als Familie hielten wir an dem Auftrag fest, auf den wir uns vor vielen Jahren verständigt haben: *Mit unserem Leben Christus zu verherrlichen.*

Die Oscar-Preisträgerin Helen Hunt und junge Schauspieler wie Ross Thomas, Lorraine Nicholson, Chris Brochu und wiederum unsere ebenfalls surfende Freundin Sonya Balmores wollten ihren Beitrag zu unserem Film *Soul Surfer* leisten – doch wir hatten noch kein Drehbuch, mit dem wir zufrieden gewesen wären. Wenige Wochen vor den Dreharbeiten hielten wir das jüngste Skript in Händen. Es erlaubte sich zwar einige Abweichungen, doch damit konnten wir *endlich* leben – oder vielmehr sogar dahinter stehen.

Im Hinterkopf war uns allerdings klar, dass der Film auch mit einem soliden Drehbuch noch durch etliche Hände wandern musste, bevor er aufgeführt werden konnte. Wir hätten uns Sorgen machen können über die Bearbeiter, Produzenten und Studioleiter, doch wir trauten auf Gott und wir vertrauten dem, den er zu uns geschickt hatte. Wir wussten, Sean McNamara hatte vor, die christliche Botschaft beizubehalten.

Wie in Kapitel 1 erwähnt, zogen wir zu Beginn des Filmens nach Oahu und beobachteten den Fortgang der Dreharbeiten. Es gab einige Unebenheiten – irgendein Dialog erschien „zu christlich". Zu unserer Überraschung und Freude bestanden schließlich die Schauspielerinnen und Schauspieler darauf, die Integrität dieses Teils zu bewahren. Und nicht bloß bekennende Christen wie Dennis Quaid, Carrie Underwood oder AnnaSophia Robb. Da gab es noch viele weitere, die den Mut hatten, Position zu beziehen und dafür zu sorgen, dass nichts verwässert wurde.

Bei der Party am Ende der Dreharbeiten waren alle erschöpft, aber euphorisch. Es war, als hätten wir alle einen Berg erklommen. Doch jetzt ging es an die richtigen Wellen!

Mit den ersten Arbeitskopien der Surfszenen war unser Sohn Noah nicht zufrieden – und auch wir anderen nicht, vor allem Bethany. Die Surfszenen waren ein toller Anblick für alle Nicht-Surfer. Wir als Familie schauen uns jeden Tag Surf-DVDs an und erkannten gleich, dass wir Bethanys eigenes Surfen präsentieren mussten, um einen wirkungsvollen Schluss zu erhalten.

Noah und Becky kamen auf die Idee, Bethany in Tahiti zu filmen. Da alle in Tahiti mitwirken wollten, wurde aus einem rudimentären Mitarbeiterstab eine richtig große Crew! Als das Produktionsteam fertig war, hatte sich das Budget verdreifacht, doch es war jeden ausgegebenen Penny wert.

Große Filmstudios machen oft Testvorführungen verschiedener Versionen eines Films. Das Testpublikum füllt jeweils Fragebogen aus, damit die Studioleiter die Publikumsreaktionen jeder Version vergleichen können. Für *Soul Surfer* gab es ein „Director's Cut" – eine vom Regisseur autorisierte Fassung – und eine Studiofassung. In der einen kam der Glaubensaspekt der Geschichte eher zur Geltung, in der anderen war er weichgespült. Beispielsweise liest Dennis Quaid – in der Rolle von Tom – Bethany etwas aus einem Buch vor, das ganz deutlich als „Holy Bible", die Bibel, zu erkennen ist. In einer anderen Version fehlt diese Szene zum Beispiel ganz.

Je nach Publikumsreaktion – oder der Laune des Studios – kann die Endfassung des Films so oder so aussehen, oder es kann auch sein, dass die Worte „Holy Bible" wie von Zauberhand von dem Buch radiert werden, das Dennis in Händen hält, auch wenn er ganz offensichtlich aus der Bibel vorliest. Es ist schwierig, letztlich die Kontrolle über die endgültige Bearbeitungsphase zu behalten.

Klingt das nach Erbsenzählerei? Mag sein. Doch da wurde ein Film über uns gedreht – über echte, lebendige Menschen –, nicht über halbwegs legendäre Persönlichkeiten aus der Vergangenheit. Hollywood hat nicht das Recht, das Leben eines Menschen umzuschreiben, es sei denn, dieser Mensch hätte das Recht dazu erteilt.

Schließlich war die erste Fassung fertig. Endlich konnte unsere Familie den Film sehen.

Schauplatz Culver City, Kalifornien. Wir haben uns alle in einem kleinen Kino auf dem Gelände der *Sony Pictures Studios* versammelt. Das Licht wurde gedimmt, auf der Leinwand flimmerte etwas, das ich mir niemals vorgestellt hätte, als ich mit einem Surfbrett unter dem Arm im warmen Sand stand, oder als mir ein attraktiver Surfer namens Tom Hamilton, der mit dem rechten Fuß vorne surfte, erstmals ins Auge fiel, oder als ich unsere neugeborene Tochter im Arm hielt. Unser Leben flimmerte über eine Riesenleinwand, dazu dramatische Musik und weltberühmte Schauspieler.

Habe ich in letzter Zeit das Wort „surreal" erwähnt?

Als ich in der samtigen Dunkelheit saß und der Abspann lief, erkannte ich für einen Augenblick mit deutlicher Klarheit die Hand Gottes, die in allem am Werk war. Bei allem Rummel und allen Befürchtungen, aller Anspannung und allen Tränen hatte Gott uns durch die Filmarbeiten geleitet und durch Gläubige wie Ungläubige gleichermaßen gewirkt. Seine Hand war über uns gewesen, selbst in unseren dunkelsten Stunden. Er hielt seine

Hand über Bethany, beschützte sie, inspirierte sie und segnete sie genau mit dem Anliegen, für das sie vor dem Haiangriff gebetet hatte. Ihre Geschichte – ihr Leben – verkündete Gott, reichte weiter als das Unglück, einen Arm zu verlieren, weiter als wenn sie ihn nie verloren hätte.

Gott hielt seine Hand über Tom und mich, als wir weit von ihm entfernt waren. Seine Hand war im Spiel bei unserem unzuverlässigen Van, der uns zu einem Freund namens Mark Nakatsukasa und seinen faszinierenden Zimmergenossen Creature und Michel führte, der uns schließlich zum Glauben an Christus brachte. Seine Hand leitete Sarah Hill, die sich mit Haut und Haaren der Jugendarbeit verschrieb und somit Einfluss ausübte auf einen Haufen ungebändigter junger Surferinnen, die irgendwann schließlich die Liebe Gottes auf der ganzen Welt verkündeten. Gott hatte Sarah außerdem dazu veranlasst, sich daran zu erinnern, was er vor Jahrtausenden geschrieben hatte – Worte, die uns zur Boje der Hoffnung wurden, als die Wellen uns zu verschlingen drohten.

Vor dem Haiangriff hatte ich so viele Pläne für meine Zukunft und Träume davon, wie das erstaunliche Talent meiner Tochter sich auf die Surfgemeinschaft auswirken könne. Doch meine Hoffnungen und Träume waren Gott zu klein. Er hatte schon immer großartigere Pläne. Jetzt saß ich in einem Kino und wusste, dass unsere Geschichte, bei der Gott fest in den Mittelpunkt gestellt wird, hinausgehen und Menschen erreichen würde, die vielleicht nie einen Ozean gesehen haben. Meine Pläne waren deutlich zu klein. Es war ein Unglück nötig, um sie zu zerschellen und sie in Gottes Pläne umzuformen.

Bethanys Glaubensgeschichte wird an weit entfernten Orten zu sehen sein, die sie womöglich nie besuchen wird. Der Film wird nach Bali geschmuggelt und dort für einen Dollar verkauft; er wird auf Computer und Smartphones heruntergeladen. Man wird die DVD übers Internet verleihen und der Film wird in Streamingdiensten auftauchen. Eines Tages läuft er vielleicht noch im Kabelfernsehen und wird an den unmöglichsten Stellen von Werbung für Sportgetränke oder Haarpflegeprodukte unterbrochen. Er wird Menschen und Orte erreichen, die niemals von Bethany gehört hätten, wenn sie *bloß* Weltmeisterin im Frauensurfen geworden wäre.

Wenn sich unsere Pläne in Luft auflösen, wenn die Angst und die Tränen über ein Unglück unsere sichere kleine Welt zum Einstürzen bringen, können wir uns nur noch an Gott wenden, der denen, die ihn lieben, alle Dinge zum Besten dienen lässt (siehe Römer 8,28). Der fransige Stoff, aus dem unser Schmerz besteht, wird in seinen Händen zu einem Werk der Schönheit.

An dem Tag in Culver City, als das Licht in dem kleinen Kino anging, sah ich eine Ecke von Gottes Teppich, eine winzige Ecke. Die reichte schon.

Als alle aufstanden und applaudierten, blieben Tom und ich sitzen und ließen unseren Tränen freien Lauf. Gott hatte sich eines entspannten Surfer-Paares mit bunt gescheckter Vergangenheit bedient, um eine leidenschaftliche Surferin für Jesus großzuziehen – oder vielmehr um eine ganze Familie mit Liebe zum Meer und Glauben an Gott großzuziehen. Unsere Söhne haben sich als Männer Gottes auf ihrem eigenen Glaubensweg bewährt. Ihnen wird vermutlich nie dieselbe Aufmerksamkeit zuteil wie ihrer kleinen Schwester, doch beide ehren sie Gott und ihre Eltern auf ihre je eigene Weise.

Wir sind einfach Familie Hamilton, unwürdige Empfänger der Liebe und Gnade Gottes.

Ich bin mir sicher, der Prophet Jeremia hatte nie Surfer wie uns vor Augen, als er Gottes Zusage der Obhut und des Trostes aufschrieb, die uns in allem zur Zuflucht geworden ist. Mir gefällt der Gedanke, dass unser Herr uns im Sinn hatte, als er dem Propheten diese Worte eingab: „Denn ich allein weiß, was ich mit euch vorhabe: Ich, der Herr, werde euch Frieden schenken und euch aus dem Leid befreien. Ich gebe euch wieder Zukunft und Hoffnung'" (Jeremia 29,11; HFA).

# Seine Wellen surfen

*Sie haben ihn besiegt durch das Blut des Lammes und durch die Wahrheit des Wortes Gottes, die sie bezeugt haben. Dafür haben sie ihr Leben eingesetzt und den Tod nicht gefürchtet.*

OFFENBARUNG 12,11 (HFA)

Die beständige Suche nach Wellen erster Güte fordert viel Zeit und Energie von begeisterten Surfern. Ein Surfer hält sich fit, damit er oder sie eines Tages, wenn die perfekte Dünung* eintrifft, dafür bereit ist!

Wellen, die von Stürmen in weiter Ferne erzeugt wurden, können sauber ankommen und leicht zu surfen sein. Davon kann der Surfer reichlich erwischen und dann wieder zum Lineup* paddeln, um weitere zu surfen. Heftigere Stürme können größere und bessere Wellen mitbringen, die zu den unvergesslichsten Erlebnissen werden können.

In meinen besten Surf-Zeiten war ich sechs Stunden am Tag in den Wellen und noch immer nicht müde. Ich war in Form und hatte vom Paddeln starke Arme. Ich konnte auf großen Wellen sehr späte Takeoffs* machen,

denn ich hatte jahrelange Erfahrung. Doch es konnte un-
erwartet zu Wipeouts* kommen. Im einen Augenblick
genoss ich eine tolle Welle, dann wurde ich plötzlich unter Wasser umhergeschleudert und hatte alle Mühe, wieder Luft zu schnappen.

So kann auch das Leben sein. Im einen Moment haben Sie die Fäden noch in der Hand, in der nächsten Sekunde kämpfen Sie ums Überleben.

Ebenso wie Stürme und Wipeouts* kommen Widrig-
keiten in großen und in kleinen Wellen auf uns zu. Wenn
Sie lernen, eine Welle nach der anderen zu nehmen, trainieren Sie Ihr Inneres, kräftigen es und entwickeln Ihren
Überlebenswillen – sowohl geistlich als auch körperlich.

Jüngst gipfelten unsere Lebenserfahrungen in dem
wahrhaft faszinierenden Film *Soul Surfer*. Wir fuhren zur
Premiere nach L.A. und zu einer einmaligen Party! Wir
fuhren in Limousinen vor und passierten Sicherheitsvor-
kehrungen, während die Worte „Soul Surfer" mit Licht-
quellen auf Wasserbecken, Surfbretter und andere Deko-
ration geschrieben wurde. Unter dem Nachthimmel
erstreckten sich Buffettische mit hervorragendem Essen,
Kellner lasen jedem Gast die Wünsche von den Augen ab.
In einem großen Innenraum lief Techno-Musik und die
Tanzfläche war proppenvoll. Bethany und ihre Freunde
tanzten bis 2 Uhr morgens. Tom und ich haben als Bankettkellner schon einige aufwendige Partys gesehen,
doch diese hier war die beste. Wir wurden als VIPs verwöhnt und bedauerten lediglich, dass wir nicht all unsere Freunde einladen konnten.

Allerdings können wir wirklich jeden zu einem noch
besseren Festmahl einladen. Jesus lädt alle Menschen –
groß und klein, reich und arm – zu seinem großen Festmahl im Himmel ein, in seinem himmlischen Anwesen,
wo er Platz hat für alle, die an ihn glauben. Wir, die wir
ihm als Herrn und Retter dienen, werden alle gemeinsam
an dem größten Liebesmahl aller Zeiten teilnehmen –
dem Hochzeitsfest des Lammes, wenn Jesus seine Braut,
seine Gläubigen, heiratet. Das wird das tollste Freuden-
fest aller Zeiten werden!

Diese Szene wird in Jesaja 25,6-8 beschrieben: „Hier auf dem Berg Zion wird der Herr, der allmächtige Gott, alle Völker zu einem Festmahl mit köstlichen Speisen und herrlichem Wein einladen, einem Festmahl mit bestem Fleisch und gut gelagertem Wein. Dann zerreißt er den Trauerschleier, der über allen Menschen liegt, und zieht das Leichentuch weg, das alle Völker bedeckt. Hier auf diesem Berg wird es geschehen! Er wird den Tod für immer und ewig vernichten. Der Herr, der allmächtige Gott, wird die Tränen von jedem Gesicht abwischen. Er befreit sein Volk von der Schande, die es auf der ganzen Welt erlitten hat. Das alles trifft ein, denn der Herr hat es vorausgesagt" (HFA).

Bis zu diesem großartigen Tag im Himmel zeichnen sich die Wellen voller Möglichkeiten für uns alle am Horizont ab. Gott zieht in unsere Welt und in unser Leben ein. Wir müssen bereit sein für alles, was das Leben mit sich bringt. Gott sendet uns Gelegenheiten. Und wenn wir sehen, dass sie sich zu Wellen seiner Absichten ausbilden, müssen wir hineinpaddeln, aufstehen und surfen!

Auf Hawaii gibt es ein Sprichwort: „Wende dem Ozean nie den Rücken zu." Wenn Surfer auf eine Welle warten, starren sie niemals den Strand an; ihre Augen richten sich auf den Horizont, achten auf das unmerkliche Ansteigen des Wassers, das ein herannahendes Set* ankündigt. Dasselbe gilt für unsere Beziehung zu Gott. Wenn wir den Blick in die Zukunft richten, liegt unsere Hoffnung darin, in Ewigkeit bei ihm zu sein.

# Die Geschichte einer jungen afrikanischen Frau in Ruanda.

Buch 52 50398

Frida Gashumba

# Frida

## Vom Tod zum Leben

Eine afrikanische Biografie.
Frida muss ansehen, wie ihre Familie von Hutus getötet wird.
Sie wird gefragt, wie sie sterben möchte.
Doch Frida überlebt ...
Ein bewegendes und spannendes Buch! Ein beeindruckendes
Zeugnis der Vergebung und des Neuanfangs.

# Die Geschichte eines 17-Jährigen.

Buch 52 50399

Dietrich Urbanski

# „Wenn ich nicht zurückkehre ...“

Die dramatische Geschichte eines jungen Soldaten. Der 17-jährige Dietrich wird an die Front nach Frankreich geschickt. In seinen schlimmsten Momenten, in denen er um sein Leben bangt, wendet er sich in seiner Not an Gott. Mit vielen Fotos. Spannend, ehrlich, schonungslos.

# Mit 17 Jahren Mitglied und Sänger von „2nd Chapter of Acts", den Pionieren der Jesus Music.

Buch 52 50430

Matthew Ward

# My 2nd Chapter

**Gott schreibt in mein Leben**

Matthew Ward wächst zusammen mit seiner Schwester Nelly bei der ältesten Schwester Annie auf. Dort entstehen die einzigartigen Lieder von „2nd Chapter of Acts". Viele Jahre weltweiter Konzerttourneen folgen, eines Tages kommt die Diagnose: Krebs.
Das Buch erzählt locker und unterhaltsam aus vielen spannenden, aber auch schweren Jahren.